문명전환과 대학교육

태재의 길

문명전환과 대학교육
태재의 길

2025년 6월 1일 초판 발행
2025년 6월 1일 초판 1쇄

엮은이 김도연
펴낸이 염재호
펴낸곳 태재대학교 출판문화원

주소 서울시 종로구 창덕궁5길 22-8
이메일 tjupress@taejae.ac.kr
출판등록 제 2024-000109호 (2024년 9월 24일)

ISBN 979-11-989707-5-6
책값은 뒤표지에 있습니다.

문명전환과
대학교육

태재의 길

김도연 엮음

태재대학교
출판문화원

머리말

디지털문명과 대학교육의 미래

서양에서는 11세기 말에 설립된 이탈리아의 볼로냐대학 University of Bologna을 최초의 고등교육기관으로 꼽는다. 이 대학은 학생들과 학자들이 자발적으로 만든 '조합 형태'의 자치 조직이었는데, 당시 사회에서 가장 중요했던 교회법 教會法을 주로 가르쳤다. 학생들은 귀족 자제와 성직자 지망생들이었고 이들이 직접 교육 비용을 부담했기에, 이는 마치 오늘날의 사립대학과 비슷한 운영체제였다.

동양에서의 대학은 훨씬 더 오랜 역사를 지닌다. 중국 당나라에서는 7세기에 들면서 국자감 國子監을 본격적으로 운영했는데, 이는 관료 양성을 위해 과거시험을 준비시키는 기관으로, 당연히 유학이 교육의 중심이었다. 국자감은 한자 뜻대로 나라의 아들, 즉 인재를 감독하고 교육하는 곳이다. 우리도 10세기 고려시대에 중국을 본받아 국자감을 운영했고, 조선이 건국하면서 성균관(成均館)이 이름 계승했다. '성균'은 인재를 고르게 길러낸다는 뜻이다. 이들은 모두 나라가 직접 설립하고 운영하는 국립대학 형태였다.

이처럼 극소수 지배계급이 그들의 권력과 부를 대물림하기 위해 운영되던 대학 체제는 18세기 영국에서 시작된 산업혁명과 더불어 크게 변화하기 시작했다. 수요가 늘어난 기술인력 양성을 위해 유럽 각지에는 다양한 형태의 고등교육기관, 즉 전문학교가 설립되었는데, 이들은 새롭고 다양한 학문을 실질적인 목적을 갖고 교육하면서 오늘날 대학의 기초가 되었다. 특히 독일에서는 1810년에 베를린대학(오늘날의 베를린 훔볼트대학)이 법학부, 의학부 등을 토대로 설립되었는데, 이후 자연과학부와 다른 전문학교들을 흡수하며 근대 종합대학의 원형이 되었다.

이러한 대학 시스템은 미국에도 전파되었다. 미국의 3대 대통령이었던 토머스 제퍼슨은 버지니아대학을 설립했는데, 여기에는 세계에서 처음으로 1836년에 공학부가 개설되었다. 제퍼슨의 짧은 묘비명, "미국 독립선언과 종교자유법의 기초자이며 버지니아대학의 아버지 제퍼슨, 여기 잠들다"는 생전에 그가 스스로 작성한 것이다. 미국 독립선언서는 프랑스 대혁명의 도화선이 되었고 지금까지도 인류의 삶에 큰 영향을 미치고 있지만, 이와 더불어 그가 만들어 낸 새로운 대학 시스템도 잊히면 안 될 커다란 업적이다.

일본은 메이지 유신으로 서양을 빠르게 좇아가면서 법학부, 문리文理학부, 의학부 그리고 공학부 4개 단과대학으로 구성된 동경제국대학을 1877년에 설립했다. 그리고 한반도에서의 근대적 고등교육은 각기 1885년과 1905년에 설립된 연희전문학교와 보성전문학교가 효시인데, 이들은 연세대학교와 고려대학교로 발전했다. 그리고 1924년에 일본제국의 국립대학 일환으로 설립된 경성제국대학은 그 후 서울대학교로 이어져 오늘에 이르고 있다. 언급한 세 개의 대학은 국내에서 상위권으로 꼽히며 대한민국 발전을 이끌었지만, 21세기 글로벌 무대에서는 경쟁력이 미흡한 것이 사실이다. 우리의 대학들이 스스로 혁신해 경쟁력을 높이는 일은 중차대한 이슈다.

여기에서 근본적인 문제는 우리 대학들은 아직도 200여 년 전 시작된 산업사회를 위한 교육 시스템으로 운영되고 있다는 사실이다. 즉, 교육의 목표가 학생의 기저 능력 및 사회 적응력을 높여 산업사회 여러 직무에 종사할 인재를 양성하는 것이다. 산업시대의 최고 가치는 균일한 제품을 효율적으로 대량생산하는 것이며 이는 교육에서도 마찬가지이다. 대학은 전공별로 잘게 나뉘어 각 산업에 쓰일 유용한 부품을 생산하듯 사람을 키우고 있다. 규격화된 인재를 양성하는 몰개성 교육이다. 하지만 오늘의 젊은이들이 살아갈 미래는 지금의 산업사회가 아닌 디지털 세상이다. 이제는 개개인의 특성이 중요하며 다양성이 가치를 지니는 시대다.

  대학은 이미 더 이상 소수 특권층의 공간이 아닌 대중적인 교육기관으로 완전히 탈바꿈했다. 그리고 학생 구성에서 한결같이 성별, 인종 그리고 국적 같은 문화적 배경을 초월하고 있다. 학생들이 전공하는 학문도 한 분야에 국한되지 않고, 융합이 강조되고 있다. 또 다른 큰 변화는 온라인 강의, MOOC(대규모 공개 온라인 강좌) 그리고 AI 튜터 등의 등장으로 교육 환경이 디지털 중심으로 전환된 것이다. 대학은 일방향 강의가 아닌, AI가 설계한 개인 맞춤형 학습 공간으로 변하고 있다. 또한 통역 기술의 발달로 언어 장벽이 사라지면서 앞으로는 실시간 다국적 수업도 보편화될 것이다. 수업 내용도 현장 문제 해결과 프로젝트 중심으로 전환될 것이며 캠퍼스 그 자체도 실험실 혹은 창업 공간 위주로 구성될 것이다. 대학의 앞날에는 혁명적인 변화가 눈앞에 있다.

물론 대학이 지니고 있는 '질문을 던지고, 스스로 배우며, 더 나은 사회를 만들기 위한 지식 공동체'라는 정체성은 아무리 시간이 흘러도 바뀌지 않을 것이다. 그리고 인류는 변화하는 환경에 적응해야 하며, 이를 위해서는 정보를 전달하고 사고를 훈련시키는 대학과 같은 사회조직은 절대적으로 존재가치를 지닌다. 대학은 1천 년 후의 미래에도 우리와 함께할 것이다. 그렇지만 디지털시대에 들어서면서 당장 쓰나미같이 몰려들고 있는 변화는 피할 수 없다. 거대한 파도에 휩쓸려 사라질 것인가 혹은 이를 타고 더 멀리 나아갈 것인가는 전적으로 우리의 준비에 달려 있다. 결국은 살아남는 대학들과 이에 휩쓸려 사라지는 대학들로 구분될 것이며, 이는 아주 가까운 미래일 것이다.

언급한 바와 같이 산업문명은 디지털문명으로 급속히 전환되고 있는데, 이는 석기시대가 청동기시대로 바뀌는 것과 마찬가지다. 그러나 이번의 문명 전환은 그 속도가 과거와는 비교도 할 수 없이 빠르기에, 대학 혁신은 화급한 일이다. 머뭇거리면 청동기시대임에도 불구하고 돌만 다루고 있는 쓸모없는 조직이 될 수 있다. 이런 측면에서 이 책은 미래 디지털사회에 필요한 인재상을 함께 고민하고, 이를 토대로 대학교육의 틀을 새롭게 짜는 데 모두가 힘을 합쳐 노력하자는 뜻으로 편찬했다. 마침 3년 전에 개교해 많은 혁신을 모색하고 있는 태재대학교의 사례를 소개했는데, 그러나 대학 혁신은 정답이 있는 것이 아님이 분명하다. 하나의 참고자료로 대학교육 담당자들에게 도움이 되길 바란다.

출간에 흔쾌히 뜻을 함께해 옥고를 보내주신 민경찬 연세대 명예교수님 그리고 태재대학교 강민수, 곽지영, 성영신, 양정미, Elizabeth P. Callaghan, 김한열, 반순웅, 성소현, 이나연, 이지연 선생님, 그리고 Active Learning Science Inc.의 Stephen M. Kosslyn 대표님께 감사의 인사를 전한다. 아울러 출판의 실무를 맡아 수고하신 태재대학교 출판문화원 방순영 원장과 민광호 선생께 사의를 표한다.

2025년 5월

김도연

차례

머리말
디지털문명과 대학교육의 미래 ················· 김도연 / 4

Chapter 1
미래의 대학, 대학의 미래 ················· 민경찬 / 15

- 미래의 대학 ················· 18
- 대학의 미래 ················· 26
- 나가는 말 ················· 41

Chapter 2
**보다 안전하고 건강한 미래,
그리고 인재 양성** ················· 김도연 / 45

- 21세기에 걸맞은 대학교육 ················· 47
- 대학 경쟁력 = 국가 경쟁력 ················· 57
- 미래를 책임질 글로벌 리더 양성 ················· 67

Chapter 3

**태재의 교육과정:
전공지식 아닌 역량 중심 교육** ········· 강민수·이나연 / 73

- 왜 핵심역량 교육인가? ················ 75
- 핵심역량 중심 교육과정 설계 ············ 78
- 교육과정의 기본 틀 ················· 81
- 교육과정 이수체계 ················· 84
- 핵심역량 평가:
  맞춤형 피드백을 통한 역량계발 ··········· 88
- 교육과정 관리: 지속적인 혁신 추구 ·········· 91
- 융합 및 자기설계 전공:
  미래 사회에 최적화된 맞춤형 교육 ·········· 94

Chapter 4

태재의 교육방법 ········· 곽지영·이지연 / 99

- 배경 및 필요성 ·· 101
- 태재 교육의 원칙과 철학 ··························· 103
- 태재 교육의 특징 ······································· 108
- 액티브 러닝 수업 모형과
  데이터 기반 학습 플랫폼 ··························· 117

Chapter 5

**글로벌 환경에서의 학습:
생활 통합교육** ········· 양정미·김한열 / 133

- 기숙형 생활학습 ······································· 136
- 기숙형 생활학습의 기대효과 ····················· 147
- 글로벌 현장학습 ······································· 150

Chapter 6

태재 학생성공 ·············· 성영신·반순웅·성소현 / 173

- 성공으로 가는 여정 ·············· 175
- 비교과 프로그램 ·············· 179
- 글로벌 리더로 성장 ·············· 195

Chapter 7

**태재의
액티브 러닝** ·············· Stephen M. Kosslyn · Elizabeth P. Callaghan / 197

- 들어가며 ·············· 200
- 액티브 러닝의 원리 ·············· 203
- 태재 액티브 러닝 ·············· 221
- 마치며 ·············· 226

Chapter 1

미래의 대학, 대학의 미래

민경찬

민경찬

연세대학교 명예교수, 국가인재경영연구원 이사장. 캐나다 칼튼대학교에서 수학 박사학위를 취득하였으며, 연세대학교 대학원장, 대한수학회장, 교육과학기술부 정책자문위원장, 국가교육과학기술자문회의 위원 및 대학교육위원장, 태재재단 감사를 역임하였다.

우리는 매우 빠르게 변화하는 시대에 살고 있다. 미래는 예측조차 하기 어려울 정도이다. 기술의 발전은 디지털 사회를 불러왔고 인공지능AI의 역할과 영향력은 상상을 넘어서고 있다. 이에 따라 산업구조도 크게 달라지며, 일과 일자리 등에서 빠른 사회적 변화가 몰려오고 있다. AI, 반도체 등 과학기술 기반의 국가 간 패권 경쟁은 더욱 치열해지고, 기후변화와 환경오염은 재난 수준에 도달하였다. 이제는 많은 사람들이 AI와 기후변화 때문에 미래를 두려워하기 시작하였다. 북한의 핵 위협, 미·중 갈등 등 국가 간 힘의 충돌도 갈수록 커지는 것 같다. 우리 사회 내부에서도 저출산, 인구감소, 일자리 문제와 더불어 가치관의 혼란과 갈등이 심화되고 있어 대한민국의 미래에 대한 우려들이 쌓이고 있다. 시대 변화에 대비하지 못해 한일합방, 6·25전쟁 등으로 고통받고 불행했던 역사를 기억하며, 미래의 변화에 지혜롭게 대비해야 할 때다.

역사적으로 대학은 당대의 사회와 국가가 처한 시대적

과제들의 해결에 크게 기여해 왔다. 이러한 과제들에는 정신적, 가치적 요소들도 포함된다. 교육, 연구, 사회적 역할은 대학의 기본 기능이다. 교육을 통해 미래를 이끌어 갈 인재를 양성하고, 연구를 통해 새로운 지식을 창출하고, 이러한 교육과 연구를 기반으로 우리 사회와 지구촌 문제 해결에 기여하는 것이다. 이러한 관점에서 이 시대를 사는 우리는 다음과 같은 질문을 던져야 한다. 미래사회에서는 대학이 어떤 역할을 해야 할까? 이러한 역할을 감당하려면 대학 자체는 어떠한 모습으로 변화되어야만 할까?

미래의 대학

먼저 '미래사회에서는 대학이 어떤 역할을 해야 할까?'라는 질문에 대한 답을 생각해 보고자 한다. 이 글에서는 미래의 '일자리 변화'와 '우리 사회와 지구촌 문제'에 대응하는 관점에서 대학의 역할을 찾고자 한다.

산업구조, 일과 일자리 변화 대응

지금까지 학생들은 자신이 진출하고 싶은 분야와 관련된 전공을 선택하고, 졸업 후 그 분야로 진출하여 꿈을 이루어 가는 것을 대학 진학의 목표로 삼았다. 그리고 졸업 후 들어간 일터는 대개 평생직장이 되었다. 그런데 상황이 크게 바뀌고 있다. 지금의 대학생들은 졸업 후 지금은 아직 존재하지 않는 직업을 가질 수도 있으며, 평생 진로를 8~10번 변경할 것이라고 한다. 여러 개의 직업을 동시에 가질 수도 있다. 그렇다면 이제는 '현재 유망하다고 생각하는 직업이 미래에도 유망할까?'라는 질문을 던져야 한다.

매년 세계경제포럼 WEF에서 발간하는 〈일자리의 미래 보고서 Future of Jobs Report〉 2016년 판에 의하면, 그해 초등학교에 입학한 학생들의 65%는 입학 당시에는 전혀 존재하지 않던 직종에서 일하게 될 것이라고 한다. 또한 2023년 판에서는 5년이 지나면 전 세계적으로 8,300만 개의 일자리가 사라지고 6,900만 개의 새로운 일자리가 생길 것이라고 예측하였다. 2024년 한국개발연구원 KDI의 분석에 의하면, 현재의 국내 일자리 10개 가운데 9개는 불과 6년 뒤에 90% 이상의 업무가 AI와 로봇으로 대체 가능할 것이라고 한다. 디지털 기술이 발전하면서 일의 형태, 일하는 방식, 일자리 자체가 변하고 있는 것이다.

이처럼 직업과 일자리가 생겨나고 없어지는 과정이 빠르게 진행됨에 따라서, 사회는 대학 학위보다 개인의 경험과 숙련도를 더 중시하기 시작하였다. 예를 들어 구글, 마이크로소프트 같은 글로벌 기업은 6개월간의 훈련 프로그램을 운영하며, 이를 수료할 경우 커리어 자격증 Certificate을 발급해 준다. 그리고 채용 과정에서 이를 4년제 대학 학위와 동등하게 고려한다. 지금까지처럼 명문대 졸업장 자체로 대접을 받는 시대는 지나가는 것 같다.

이제는 학생들이 대학 졸업 후 어떤 일을 하게 될지 모르기 때문에, 대학에서는 미래를 대비하기 위해 어떠한 학습을 해나갈지가 중요해졌다. 따라서 대학은 학생들이 미래를 대비하는 관점에서 교육과 훈련을 받도록 과정을 설계해야 한다. 대학교육은 학생들에게 미래에 실질적인 도움이 될 수 있다는 확신을 주어야 한다. 만약 대학교육이 등록금에 부응할 만한 차별화된 가치를 주지 않으면,

학생들은 적은 비용과 짧은 기간의 훈련만으로 좋은 직장에 갈 수도 있는 대안고등교육 등 다른 기회를 찾아 나설 것이다. 사실 이러한 흐름은 이미 확대되고 있다.

디지털 환경과 기술의 빠른 변화는 재교육 reskilling, 업무능력 향상 upskilling을 요구한다. 이에 따라 대학은 100세시대 '은퇴가 없는 사회'에 기여할 수 있는 역할을 새롭게 찾아야 한다. 전문성을 심화시키는 '단·중장기 학위 micro-credentials' 프로그램들을 개발하고, 국내는 물론 글로벌 시장에 대비한 전략을 세움으로써 평생학습시대를 선도해야 한다.

사회 및 지구촌 문제해결에 기여

개인의 미래는 결국 국가와 지구촌의 미래에 달렸다. 내가 행복하게 살아가며 꿈을 펼칠 수 있는 사회는 어떻게 이루어지는 것일까? 기본적으로는 국가의 사회 문화와 환경, 생산성, 경쟁력이 뒷받침되어야 한다. 국가경쟁력은 국민 개개인의 역량 competencies 전체를 합친 것으로 볼 수 있다. 여기서 역량은 지식과 융합적 사고력, 기량과 재능 기반의 실행 능력, 그리고 가치관과 태도라는 덕목을 포괄하는 총체적인 개념이다. 이는 경제협력개발기구 OECD의 '역량' 개념과 유사하다. 그러므로 교육과 연구를 통해 국민 개개인의 역량을 키우며 국가 발전에 기여하는 대학의 역할은 매우 중요하다. 1960년대 이후 우리 대학은 산업화, 민주화를 선도하며 오늘의 대한민국으로 발전해 오기까지 사회 및 경제 발전의 중심축이 되었다.

국가 간의 과학기술 패권 경쟁이 치열해짐에 따라, 대학에서의 교육과 연구가 더욱 중요해지고 있다. AI, 반도체 등의 첨단 기술 확보와 이를 뒷받침하는 첨단 기초과학의 수월성, 우수 인재 배출은 필수 요건이다. 빠르게 변하는 산업 환경에 부응하기 위해서 대학은 학생들에게 역량, 스킬, 기업가 정신을 키워 주어야 한다. 또한 주변국인 북한, 중국, 러시아, 일본, 미국 등과의 관계를 전략적으로 잘 이끌어 가려면 인문학, 사회과학, 과학기술에서 첨단의 융합적인 연구가 뒷받침해야 한다. 또한 가장 기본적인 우리 사회의 가치와 질서를 건강하게 세워 나가려면 정직과 양심을 기반으로 민주시민의식을 키우며, 공감과 배려의 정신을 기반으로 따뜻한 공동체를 이루어 가야 한다. 이는 역사의 교훈을 이해하며 새로운 가치와 정신을 깨닫게 하는 교양교육 liberal education 의 역할이다.

미래는 대학에게 기존의 역할을 넘어 더 큰 역할을 기대한다. 이는 다음 세대의 생존 문제에 관한 일이다. 대학도 지구촌에 머지않아 충격적으로 닥쳐올 수 있는 매우 복합적인 변화와 위기를 주시해야 한다. 역사적으로 가장 위태로운 시대일 수 있다. 앞으로 인간과 자연과 AI가 상호작용하며 인간이 지속적으로 안전하게 살아가는 일이 매우 중요한 과제다. 인류의 노력으로 기후 재앙을 막을 수 있는 기한이 이제 10년 남았다고 한다. 또한 2029년이면 AI가 인간 지능을 뛰어넘을 것이라고 한다. AI 기술의 위력은 기회이자 위기로 다가오고 있다.

대학도 국제사회와 함께 지구환경 생태계를 안정적인 상태로 회복시키며, AI의 활용과 더불어 잠재적 위험을 치밀하고 체계적으로 관리하는 일에 적극 나서야 한다. 유럽대학연합 EUA 은 2021년에 발표한 '비전 2030'에서 대학들의 주된 사명을 '지속가능발전'으로 설정하였다. 그리고 이를 위한 기술과 지식을 제공하는 것을 교수·학습의 핵심 과업으로 삼아야 한다고 선언하였다. 미래에 명

문대학이 되는 길은 바로 이러한 관점에서 어떠한 영향력을 펼치느냐에 달려 있을 것이다.

미래 경영하는 글로벌 인재, 지도자 양성

모든 일은 결국 '사람'에 달려 있다. 그래서 세계는 인재 전쟁 중이다. 미래에 우리 사회를 이끌어 갈 인재들의 양성은 매우 중요한 일이다. 대학은 개인의 성장, 성공과 더불어 우리 사회와 지구촌의 주요 과제들을 인식하고, 그 해결에 기여하겠다는 태도와 의지를 가진 인재를 키워야 한다. 그리고 일반 사람들이 생각하지 않는 새로운 문제들을 깊이 생각하는 인재들을 키워 내야 한다.

지금은 문명의 대전환 시대라고 한다. 대학은 미래 대한민국을 이끌어 가고, 더 나아가 새로운 문명을 주도할 핵심 인재들을 키워 내야 한다. 교육과 훈련 과정에서 개인의 역량과 더불어 바람직한 가치관과 태도, 세계관을 갖추고, 역사, 사회, 인간, 그리고 STEM^{Science, Technology, Engineering, Mathematics} 등을 깊이 이해하도록 해야 한다. 활기찬 대한민국의 미래를 위한 건실하고 능력 있는 정치인, 공직자, 산업 인재 등을 키워내야 한다. 대학은 인재 및 지도자, 혁신가 양성에 대한 전략이 있어야 한다. 국가와 지구촌의 10년, 20년 후를 조망하며 내일보다 먼 영역에서, 어떤 인재들이, 어떻게 영향력을 발휘하게 할 것인지를 디자인해야 한다는 것이다. 최근의 딥시크 쇼크는 지난 20년 동안 중국 대학들이 AI 인재들을 키워 낸 결과다.

대학은 또한 미국과 중국을 비롯한 동서양 나라들의 사상과 문화를 융합시키며 평화로운 국제 질서를 세울 수 있는 인물들을 키워 내야 한다. 시대와 국제사회에 대한 거시적 안목과 통찰력, 추진력을 갖춘 큰 지도자, 혁신가들을 길러 내야 한다. 이들이 AI를 비롯한 디지털 기술을 활용하여 사회 변혁을 선도해야 한다. 특히 인간의 정체성을 지켜 내며 지속가능한 지구촌 환경을 만들어 가야 한다. 새로운 지식 창출을 기반으로 지구촌 차원의 협업을 통해 풀어 갈 수 있는 일이다.

대학은 우리 학생들이 세계 속에서 자신의 분야에서는 미국, 중국 등 선진국들을 뛰어넘어 최고의 리더가 되겠다는 원대하고 담대한 꿈과 의지를 키우도록 독려해야 한다. 이는 대학의 문화가 되어야 한다. 지금은 어떤 모습일지 상상할 수 없는 미래에 누구도 가보지 않은 길을 새롭게 만들어 가며 세계를 경영할 최고 리더들을 키워 내야 하는 것이다.

대학의 미래

오늘 우리 대학의 모습은 어떠한가? 대학은 그동안 교육과 연구를 통해 우리 사회에 어떤 기여를 해왔는가? 특히 오늘 우리 사회를 볼 때, 국가의 미래를 바르게 이끌어 가는 인재들을 양성해 왔는가? 오랫동안 대부분의 대학들은 신입생 확보, 정부의 재정지원 확보에 많은 노력을 기울였다. 지난 16년간의 등록금 동결로 대학들은 당장의 재정 확보를 위해 정부의 평가지표를 맞추는 일이 중요했다.

미래의 꿈 그리기

오늘의 대학은 그 어느 때보다 혁신이 필요하다. 오늘의 문명사적 대전환기가 대학에 요구하는 사명에 부응하도록 교육, 연구, 사회적 역할을 새롭게 변화시켜야 한다. 이를 통해 앞에서 소개한 '산업구조, 일과 일자리 변화 대응', '사회 및 지구촌 문제해결에 기여', '미래 경영하는 글로벌 인재, 지도자 양성' 등의 과제를 해결해야 한다. 그러면 대학은 구체적으로 어떠한 모습으로 변화해야만 할까? 기존 대학 구조조정과 교육과 연구의 질 개선의 차원을 넘어서야 한다. 이는 혁신이어야 하며, 대학의 미래가 달린 일이다. 시대의 변화 속도가 매우 빠르기 때문에 대학의 혁신도 빠르게 추진되어야 한다.

대학은 먼저 미래를 위해 '어떠한 영향력으로 우리 사회에 기여할까?'라는 질문을 끊임없이 던져야 한다. 빠른 변화로 인해 앞으로 우리 사회는 물론 학생과 정부의 대학에 대한 요구는 지속적으로 달라질 것이다. 대학은 우선 학생들에게 '어떤 도움을 주어야 그들이 미래의 가치를 쌓아 갈 수 있을까?'에 집중해야 한다. 졸업할 때 성취한 내용과 미래의 효용성을 평가해야 한다. 학생들은 미래 현장에서 실질적으로 도움이 될 수 있는 교육과 훈련을 기대할 것이다. 국가적으로는 향후 20년간 생산인구 24%가 감소하므로, 개개인의 생산성을 배가시켜야 한다. 학생들은 앞으로 전 세계에 걸쳐 활동해야 하므로, 세계 자체를 캠퍼스로 삼고 교육과 훈련의 방향을 세워 나가야 한다. 대학의 꿈은 이러한 흐름에서 그려져야 한다.

미래 인재상과 역량 중심의 교육

미래 사회는 어떠한 인재를 기대할까? 미래는 한 치 앞을 예측조차 하기 어려워 뷰카VUCA 사회라고도 한다. 변동성Volatile과 불확실성Uncertainty, 복잡성Complexity, 모호성Ambiguity의 영어 머리글자를 딴 표현이다. 각 대학은 이러한 미래에 대비해 어떠한 인재들을 양성할 것인지에 대한 독자적인 철학을 가지고, 이에 따른 인재상을 제시해야 한다. 그리고 이러한 인재로 성장하는 과정에 요구되는 핵심 역량들을 찾고, 이러한 핵심 역량을 효과적으로 키우며 체화시켜 나갈 수 있는 교육 시스템을 섬세하게 설계하고 치밀하게 운영해야 한다. 또한 모든 교육 활동이 그 설계 의도에 맞는 성과를 잘 이루어 가는지를 모니터링하며 조정·개선해 나가는 평가체제를 만들어야 한다. 이는 인재를 역량 중심으로 성장시켜 나가는 교육 시스템을 체계적으로 만드는 일이다.

21세기에 들어서면서 세계 여러 기관이 미래 사회에 필요한 역량들을 제안해 왔다. 예를 들면, OECD는 역량을 지식 knowledges, 실행력 skills, 태도와 가치 attitudes & values 로 정의하였다. WEF에서는 핵심 역량으로 비판적 사고력, 의사소통 능력, 협업 능력, 창의력을 제시했으며, 세계적으로 많은 기관들이 이를 핵심 역량의 기본 모델로 받아들이고 있다. 2025년 〈일자리의 미래 보고서〉에서는 분석적 사고, 문제해결 능력, 자기관리 능력, 기술활용 능력 등을 중요한 역량으로 삼았다. 또한 AI 기술로 대체할 수 없는 창의력, 리더십, 감성 능력, 협업 능력 등 인간 중심의 소프트 스킬을 강조하였다.

현재 각 대학 홈페이지마다 그 대학의 인재상과 핵심 역량이 소개되어 있다. 그런데 교수와 학생 대부분이 이 내용에 대해 잘 알지 못하고 관심도 없는 것 같다. 역량 중심의 교육을 이루어 가려면 먼저 모든 교수와 학생이 인재상과 핵심 역량의 내용과 의미를 이해하도록 해야 한다. 대학교육의 혁신은 이렇게 시작해야 한다.

미래의 학습 역량 키우기

대학은 학생이 무엇을 배우도록 할 것인가? 대학에서의 교육과정은 기본적으로 그 대학이 추구하는 핵심 역량이 학생에게 효과적으로 체화되게 하는 일이다. 이 과정은 의도적으로 설계되어야 하며, 기대하는 만큼 학생에게 체화되도록 교육과 훈련이 이루어지게 하는 시스템을 섬세하고 치밀하게 운영해야 한다. 이는 교과 및 비교과 활동, 기숙사 생활 등 대학이라는 '캠퍼스'에서의 모든 학습, 경험, 활동 과정에서 통합적으로 이루어져야 한다. 이는 전환가능한 transferable 역량을 다져 나가는 일로서, 평생학습자로서의 '미래의 학습 역량'을 튼실하게 갖추는 일이다. 이는 개개인의 특성과 소양 그리고 목표를 반영하는 개인 맞춤형 교육훈련이어야 한다. 그리고 핵심 역량이 어떻게 체화되고 있는지 개인별로 확인할 수 있는 체계적

다수의 글로벌 기업 CEO를 배출하는 등, 세계 IT 분야의 중심에 선 인도공과대 뭄바이 캠퍼스.

인 모니터링 시스템을 갖춰야 한다.

대학은 먼저 학생이 '자기주도성'을 키우게 해야 한다. 프로젝트의 주제는 물론 전공과 교육과정을 스스로 설계할 수 있는 자유를 줌으로써, 자신의 미래를 스스로 만들어 갈 수 있는 '자율성'을 적극 허용해야 하는 것이다. 2024년 10월 글로벌인재포럼에서 수바시스 차우두리 인도공과대[IIT] 뭄바이 전 총장은 IIT가 구글, IBM 등 글로벌 기업의 CEO를 다수 배출하며 미국 실리콘밸리 성장에 크게 기여해 온 비결은 '자율성'이라고 하였다. 그리고 창의성은 자율성에서 싹튼다고 했다. 그는 학생의 교과 선택 자율성도 창의성을 위한 중요한 요소라고 지적했다.

대학은 학생이 '개념, 원리, 법칙의 이해' 중심으로 학습하도록 해야 한다. 이러한 학습 훈련은 평생에 걸쳐 새로운 지식에 대한 이해력과 응용력을 키우게 한다. 또한 인문학, 사회과학, 자연과학 등 다른 영역을 넘나들며 학제적 사고력을 키우는 데 큰 도움이 될 것이다. 이는 학생에게 더 근원적이고 본질적인 큰 문제에 도전하는 자신감도 줄 것이다.

대학은 학생이 현장에서의 '문제해결력'과 '리더십'을 키우게 해야 한다. 교실에서 배운 내용을 국내외 사회 현장과 연계하며 '실천적 지식practical knowledge'을 체화시키도록 하는 것이다. 예를 들어, 한국의 태재대학교는 모든 학생이 세계 주요 도시를 순환하며 그 도시와 국가 현장에서 자기주도적으로 주요 이슈를 찾아내고 팀 프로젝트를 기획하도록 한다. 그리고 그 지역의 정부 및 국제기구, 기업, 시민단체 등과 협업하며 창의적으로 글로벌 문제해결 능력을 키우도록 한다. 이를 통해 세계 여러 현장의 주요 인사 및 기관과 네트워크를 형성하며 국제적 리더의 역량과 협력 기반을 만들 수 있다.

대학은 모든 학생이 '기업가 정신'을 키우게 해야 한다.

모든 과목에 기업가 정신 교육을 통합시키는 것이다. 이는 새로운 '사업'을 포착하고, 주변의 가능한 지원을 활용하여 목표 성과를 만들어 내는 훈련이다. 아무도 가보지 않은 새로운 길과 진로를 만들어 가는 것이다. 미래시대에 개인과 국가에 새로운 부가가치를 창출하는 능력을 키우는 중요한 일이다.

대학은 학생이 'AI 기술과 빅데이터의 이해와 활용 능력'과 '비판적 사고력'을 키우도록 해야 한다. 모든 학생은 미래에 필수 도구인 AI 기술을 자유자재로 활용할 수 있도록 훈련하여 자신의 부가가치를 높여야 한다. 동시에 윤리와 가치에 대한 원칙은 어떠해야 하는지를 논의할 수 있어야 한다. 예를 들어, 챗GPT 등 생성형 AI가 안고 있는 신뢰성, 왜곡 및 편향성 등의 문제에 주목해야 한다.

마지막으로 대학은 학생이 '글로벌 역량'을 키우도록 해야 한다. 교육과정의 설계 단계부터 우리 사회와 인류에 대한 관심과 의지를 키우도록 해야 한다. 학생이 인류가 쌓아 온 정신과 가치, 문화를 이해하게 함으로써, 이를 기반으로 미래시대에 직면하게 되는 정치, 경제, 사회 및 환경 관련 문제 해결에 주도적 역할을 하게 하는 것이다. 특히 '지속가능발전'을 위한 기술과 지식을 창출하는 것을 핵심 과제로 인식해야 한다. AI, 기후변화, 환경오염은 물론 물, 에너지, 빈곤, 기아, 불평등 문제 등을 고민해야 하는 것이다. 기본적으로 2015년에 제시된 UN 지속가능발전목표 Sustainable Development Goals, SDGs 에 주목하게 해야 한다.

새 시대의 학습 방식

대학은 학생이 어떻게 배우도록 할 것인가? 대학교육의 우선적 목표는 '한 학생의 성공'에 초점을 두어야 한다. 대학은 '한 학생'에 대한 책임감과 애정을 가지고 교육이 맞춤형으로 이루어지도록 해야 한다. 개개인의 특성을 존중하며 잠재력을 최대로 키워 내야 한다. 이를 위해서는 한 학생의 학습과정이 섬세하게 기획되어야 하고, 교수자의 철저한 준비가 필수적이다. 그리고 평가는 기존의 획일적 시험에서 벗어난, 개인별 학습과정을 포함하는 다면평가이어야 한다.

대학교육은 다양한 방식의 '상호작용'이 일어나도록 해야 한다. 미래시대에는 다양성과 융합적 사고가 더욱 소중해진다. 그러므로 엄격하고도 질 높은 학사 운영을 전제로, 학생이 학과와 대학 등의 모든 경계를 넘나들며 다른 전공 영역의 사람들과 상호작용할 수 있게 해야 한다. 또한 학습 단위마다 가급적 서로 다른 배경과 특성을 가진 사람들이 모일 수 있도록 구성해야 한다. 더 나아가 학생들이 세계를 캠퍼스로 여기며 많은 나라와 지역을 방문하여 민족, 문화, 언어 등이 다른 사람들과 함께 다양한 경험, 체험을 할 수 있는 기회를 갖도록 해야 한다. 해외의 우수 인재 유치와 두뇌 순환brain circulation도 크게 확대해야 한다.

대학교육에서 '교수와 학생은 동반자'가 되어야 한다. 교수의 경륜과 학생의 신선한 아이디어가 수평적으로 만나게 하는 것이다. 서로 질문하고 토론하며 새로운 지식과 경험으로 자극을 주고받아 창의성을 키우는 것이다. 교수가 일방적으로 가르치는 것은 효과적이지 못하다. 교수는 촉진자facilitator로서 학생이 토론, 팀 프로젝트 등에 능동적으로 참여하고 다른 학생과 협업할 수 있는 능력을 키워 줘야 한다.

대학교육은 '액티브 러닝active learning' 방식을 활용하여 개인맞춤형으로 학습효과를 높여야 한다. 이 학습법은 '학습과학 science of learning의 원리'를 적용한다. 뇌과학과 신경과학을 기반으로 주의 집중과 참여, 기억 기술, 감정과 학습, 동기와 흐름, 활동 디자인하기 등에 관련된 원리를 적용한다. 태재대학교에서는 교육과정을 사전학습, 액티브 러닝 수업활동, 사후학습의 3단계로 구성해, 학생이 수업에 능동적으로 참여하며 학습과정을 주도하도록 하는 교육을 시행하고 있다.

대학은 학생이 AI 기술, 빅데이터, 모바일 등 '디지털 도구'를 활용하도록 하여 학습효과를 높여야 한다. 미래의 학생은 박학다식한 개인맞춤형, 24시간 AI 가정교사 또는 조교와 살게 된다. 질 높은 피드백을 즉각적으로 받으며 학습의 질과 수준을 크게 높일 수 있다. AI 기술은 토론, 프로젝트 수업 등에서 학생들이 서로 협력하는 학습을 모니터링하며, 데이터 기반으로 맞춤형의 도움을 주고, 객관적인 평가도 해줄 것이다. 또한 국내외 교수, 전문가들로부터 매우 효과적인 조언 및 코칭도 받을 수 있다.

대학은 디지털 기술을 이용하는 다양한 '학습 모델'을 개발해야 한다. 앞으로 액티브 러닝을 비롯한 온·오프라인 교육과 함께 새로운 학습 형태들이 나타날 것이다. 또한 온라인 학습 플랫폼을 통해 데이터를 축적하며, AI를 활용하는 튜터 등 개인별 학습 지원 시스템이 나타날 것이다. 2013년 라파엘 레이프 Rafael Reif MIT 총장은 〈타임〉지와의 인터뷰에서 "디지털 학습은 인쇄술의 등장 이후 교육에서 가장 중요한 혁신이며, 2025년이면 '대학'의 개념 자체가 상상을 뛰어넘어 새로운 방식으로 재형성될 것이다"라고 하였다.

온라인 학습은 언제, 어디서나, 누구나 더 저렴하게 더 좋은 교육을 받을 수 있어서 여러 형태로 확대되고 있다. 2012년에 도입된 MOOC(대규모 공개 온라인 강좌)는 2023년 기준으로 강좌 수는 2만 5천 개 정도이며, 5억 명 이상의 학생이 등록하였다. 세계의 많은 대학들이 온라인 강좌로 '학위'를 주고 있다. 미국 애리조나주립대 ASU는 현재 온라인 학사·석사·박사 과정을 150개 이상 운영하고 있는데, 3만 명 정도가 이를 수강하고 있다. 우리나라 일반대학에서도 100% 온라인으로 학사 및 석사 학위를 받을 수 있다.

대학은 학생이 현장에서 활동하는 '경험학습 experiential

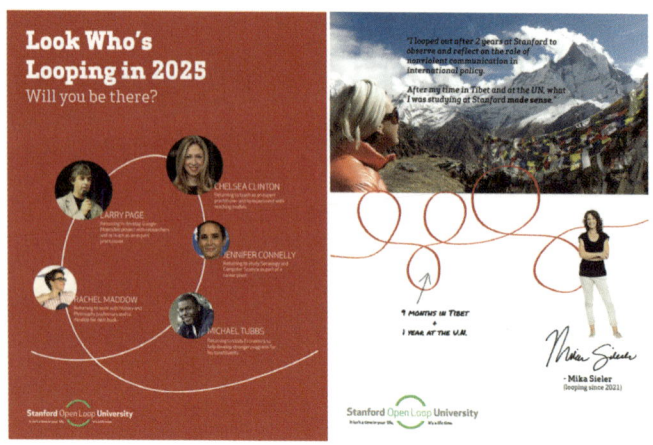

미 스탠퍼드대 개방형 순환 대학 홍보자료. 개방형 순환 대학은 학사와 석사 과정을 통합한 6년 과정으로, 캠퍼스와 직장을 오가며 유연하게 전체 과정을 마칠 수 있다.

learning'을 다양하게 확대해 나가야 한다. 현장에서 이루어지는 프로젝트, 실습, 봉사, 인턴십을 비롯해 다양한 형태로 국내외 관련 기관들과 협업하며 학습하는 기회를 갖도록 하는 것이다. 미 스탠퍼드대의 개방형 순환 대학 Open Loop University은 또 다른 모델이다. '학교에서 배우다 사회에 나가 현장 경험을 쌓고 다시 돌아와 배우는 것'을 반복하는 것이다. 이러한 학습 방식은 기술과 경험을 축적하게 하여 사회 변화에 대한 대응 능력을 키우며, 사회적 보상의 가치도 키울 것이다. 이를 위해서는 국내외 기업들과의 파트너십을 확대해야 한다. 캐나다 워털루대에서는 60여 개국 7,100명 이상의 고용주들이 학생들에게 유급 인턴십을 제공하는데, 취업률이 90%에 이른다.

미래 대학과 재정 확보

대학이 교육을 혁신하려면 다양한 지원을 해야 하기 때문에 충분한 재정 확보는 필수적이다. 현재 대학들이 재정적으로 매우 어려운 상황이다. 그럼에도 불구하고 대학은 미래를 대비하도록 지속가능하고 안정적인 재정 흐름을 만들어 가는 일에 최선을 다해야 한다.

대학은 교육, 연구, 사회적 역할을 수행함에 있어 어떻게 차별화하며 수월성을 확보하느냐에 따라 재정 확보 상황이 달라질 것이다. 대학이 세계적 수준에서 탁월한 교육을 제공하면 국내외에서 우수한 학생들을 유치할 수 있고, 이러한 교육에 상응하는 등록금도 받을 수 있다. 또한 대학이 훌륭한 인재들을 배출하면, 이들이 성공했을 때 훌륭한 기부자들이 될 수 있다. 특히 미래에 더욱 중요해질 기업가 정신을 교수와 학생 모두에게 적극 키우도록 하여 새로운 가치를 만들어 내야 한다.

대학은 세계적으로 보편화되는 평생학습을 적극 수용해야 한다. 미래 사회에 필수 요소가 되는 '재교육', '기술 향상'을 위한 교육기관으로, 온라인 학습과 AI 기술을 접목하며 다양한 단·중장기 '학위' 과정을 개발하여 운영하면 재정 확보에도 기여할 수 있다. 이는 또한 모든 경계가 사라지는 빅블러 Big Blur 시대에 새로운 직업으로 이동할 수 있는 능력을 키워 주는 일이기도 하다.

대학에서 연구는 기본 요소이며, 이는 연구비, 기부금, 지적재산권, 창업 성과 등 여러 자금원을 확보하게 한다. 이 과정에서 첨단 시설 등의 인프라를 갖추고, 우수한 연구자들을 유치할 수 있도록 한다. 이는 대학의 평판을 높이고 새로운 지원을 이끌어 내는 기반이 된다. 미래가 불확실해질수록 대학의 연구 기능은 더욱 중요해질 것이다.

나가는 말

예측하기 어려울 정도로 모든 것이 급변하는 미래, 거대한 변화들이 빠르게 다가온다. 이러한 모든 변화들이 우리 개개인의 삶에 큰 영향을 줄 것이다. 저출산, 초고령화, 사회적 갈등과 양극화, 북한의 핵 위협 등의 위기와 더불어 미·중 갈등 등 다양한 패권 경쟁이 심화되고 있다. 이는 인류가 모두 함께 풀어 가야 할 문제들이다. 그런데 AI와 기후변화, 팬데믹 등은 머지않은 장래에 인류의 노력만으로 풀어 갈 수 없는 문제가 될 수 있다. 인간이 문명의 주도권을 지키기 어렵게 되는 것이다.

AI의 대부로 2024년 노벨물리학상을 수상한 제프리 힌턴 교수는 "안전과 윤리 문제에 대한 고민 없는 AI 경쟁은 인간의 AI에 대한 통제권 상실로 이어지는 재앙이 될 수 있다"고 경고하였다. 2025년 현재를 기준으로, AI가 인간의 지능을 뛰어넘는 특이점은 4년 후인 2029년에 온다고 한다. 그리고 인류의 노력으로 기후재앙을 막을 수 있는 시간은 10년 정도 남았다고 한다. 이미 '신인류'를 논하고 있는데, 앞으로 10년이 인류의 역사를 바꿀 것이다.

인류 역사에서 보면, 미래를 제대로 대비하지 못했을 때 엄청난 재앙과 불행을 겪어야 했다. 우리가 만나게 될 미래는 전혀 다른 모습의 세상이 될 것 같다. 특히 다음 세대에게는 살아가기가 매우 어려울 수도 있다. 그러므로 우리 모두는 먼저 위기의식을 가져야 한다. 그리고 기회를 만들어 내야 한다. 결국 '사람'이 지식과 지혜, 협업으로 풀어 가야 한다. 미래를 대비할 수 있는 인재를 양성하고 지식을 창출해야 한다. 지금까지의 대학의 목표와 운영 방식으로는 이는 불가능하다. 미래시대에 적합하도록 그 목표와 운영 방식을 다시 세워야 한다. 특히 '지속가능발전'에 초점을 맞춰야 한다. 학생들의 좋은 미래 일자리도 이러한 방향을 중심으로 만들어질 것이다.

그러므로 국가는 물론 대학도 10년, 20년 후 미래를 대비하는 인재, 지도자, 혁신가 양성과 첨단 지식 창출을 위한 전략을 새롭게 갖춰야 한다. 대학은 국내외 다른 대학, 기업, 지역, 정부, 국제사회와 파트너십으로 협업하며, 학생들의 역량 증진과 일자리 창출, 사회의 질서와 가치 유지, 국가의 생산성과 경쟁력 향상에 기여하고, 지구촌이 직면한 난제들을 풀어 가는 일에 적극 나서야 할 것이다.

2025년 세계경제포럼 WEF의 주제가 '지능의 시대를 위한 협업'이다.

"책임감의 크기가 무대의 크기를 정한다"니는 말이 있다. 학생 개개인도, 대학도 우리 사회가 요구하는 여러 과제들을 잘 이해하고, 이러한 과제들의 해결에 얼마만큼 자신이 기여하려고 하는지를 생각해야 한다. 자신이 선택한 몫의 크기에 따라 활동해 나가는 무대가 달라질 것이다. 우리 사회와 인류에 기여하는 것이 바로 미래의 길을 열어 줄 것이다.

미국의 경제학자 제러미 리프킨은 2011년 그의 책 《3차 산업혁명》에서 교육의 제1사명은 인간이 지구상의 모든 다른 종들과 함께 공동체를 이루며 살아가는 구성원으로 생각하고 행동하는 세대를 길러내는 것이라고 하였다. 이제는 AI가 지구 공동체의 새로운 구성원으로 등장하고 있다.

Chapter 2

보다 안전하고 건강한 미래, 그리고 인재 양성

김도연

김도연

태재미래전략연구원 이사장, 서울대학교 명예교수. 프랑스 블레즈 파스칼 대학에서 재료공학 박사학위를 취득하였다. 서울대학교 공과대학 학장, 울산대학교 총장, 포스텍 총장으로 봉직하였으며, 교육과학기술부 장관과 국가과학기술위원회 위원장을 역임했다.

21세기에 걸맞은 대학교육

디지털문명시대를 살고 있는 우리들 삶에 가장 큰 영향을 준 사람을 두 명 꼽는다면, 아마도 빌 게이츠 Bill Gates 와 스티브 잡스 Steve Jobs 일 것이다. 두 사람 모두 1955년생이며, 둘 다 대학을 중퇴하고 20대 초반에 창업을 했다. 빌 게이츠는 마이크로소프트 Microsoft 의 공동 창립자로, 그가 개발한 PC 운영체제 MS-DOS와 윈도 Windows 는 전 세계 컴퓨터 사용자들에게 친숙한 인터페이스를 제공하며, 컴퓨터를 대중화시키는 데 중요한 역할을 했다. 그리고 스티브 잡스는 애플 Apple 의 공동 창립자로, 디자인과 기술을 결합해 오늘과 같은 디지털 라이프를 가능케 한 인물이다. 특히, 아이폰과 아이패드 등을 통해 하드웨어와 소프트웨어를 결합하며 소비자 중심의 기술을 발전시켰다.

빌 게이츠는 컴퓨터를 대중화했고, 스티브 잡스는 스마

트폰으로 모바일 혁명을 주도했다. 이들이 없었다면 오늘날과 같은 디지털시대는 불가능했다고 해도 과언은 아니다. 흥미롭게도 빌 게이츠의 이름 가운데 '빌Bill'은 '지폐'라는 뜻도 지니는데, 바로 그런 이유로 그가 세계 제일의 부자가 되었다는 이야기가 있다. 또한 스티브 잡스의 이름 가운데 '잡스Jobs'는 '직업'이란 의미도 갖는다. 그러기에 그토록 많은 새로운 직업을 만들어 냈다는 농담이 있다. 여하튼 두 사람이 기술과 비즈니스 분야에서 이룩한 혁신은 오늘의 디지털사회 형성에 결정적 역할을 했다.

최근 들어 세계는 더 빠른 속도로 변화하고 있다. 지난 10년만 돌아보아도 블록체인, 메타버스 그리고 챗GPT 등으로 새로움에 새로움이 더해졌다. 지금부터 10년 후엔 세상이 또 어떻게 달라져 있을까? 오늘의 젊은이들이 살아갈 미래는 지금과 완연히 다른 세상일 것이다. 1년 준비는 곡식을 심는 일이고, 10년 준비는 나무를 심는 일이지만, 100년 준비는 사람을 기르는 일이라고 했다. 특히 대학 과정은 한 사람이 전문가로 다시 태어나며 또 인격적으로 성숙해지는 시기다. 전통적인 대학은 마땅히 미래 디지털사회를 살아갈 젊은이들을 위해 교육의 틀을 새롭게 짜야 한다.

오늘날은 지난 2~300년의 산업문명시대를 넘어 디지털문명시대로 진입하는 문명 전환의 시기다. 산업시대의 최고 가치는 같은 품질의 제품을 효율적으로 대량 생산하는 것이었으며 이는 인재 양성에서도 마찬가지였다. 획일적인 교육방법과 기계적 평가로 규격화된 인재를 다수 배출하는 것이 최고의 덕목이었다. 대학은 학생의 지적 능력 및 사회 적응력을 높여 산업사회 여러 직무에 종사할 인재를 양성하는 기관이었다. 전공별로 잘게 나뉘어 각 산업 분야에 유용한 부품을 찍어내듯 사람을 키웠다. 기계나 전기공학 전공 후에는 산업체 엔지니어로, 역사학이나 사회학 전공 졸업생들은 정부나 언론계 등으로 진출했다.

산업시대의 일반적 삶은 대학을 마치고 25세경부터 60세 무렵까지 사회·경제적 활동을 하고, 그 후 20년은 은퇴자로 지내는 것이었다. 평생직장이 가능하고 수명은 80세인 시대였다. 그런데 이제는 수명 120세 시대가 되었다. 초장수超長壽 사회다. 결국 오늘의 젊은이들은 적어도 80~90세에 이를 때까지, 즉 성인이 된 후에 50~60년간은 사회활동을 해야 한다. 많은 미래학자는 이 과정에서 미래 세대는 직업을 여러 번 바꾸어야 한다고 예측한다. 엔지니어로 사회생활을 시작해도 그 후 소매업자, 경영자, 사회사업가를 거쳐 작가 등으로 활동할 수도 있다. 이런 다양한 삶을 위해서는 대학 생활 중 여러 분야의 지식을 폭넓게 습득하면서도 각 학문에 대해 탄탄한 기초를 쌓아야 한다. 특히 인문학적 훈련이 있어야 주관적인 삶을 가꿀 수 있을 것이다.

문명 발전과 그에 따른 교육의 변화는 그림 1과 같다. 여기서 특별히 눈여겨봐야 할 것은 교육방법의 혁신이다. 산업문명시대의 교육은 어느 나라를 막론하고 정해진 시간에 같은 또래 학생을 한곳에 모으는 것으로 시작했다. 만 6세가 되면 모두가 초등학교에 입학하고, 학생들은 한결같이 아침 9시면 교실에 앉아 선생님의 가르침을 받았다. 칠판 앞에 서 있는 선생님과 책상에 앉은 학생이란 교육체계는 대학도 마찬가지였다. 공부해야 할 지식은 교수의 머릿속이나 도서관의 책에 담겨 있기에 학교에 등교하는 일은 필수적이었다. 산업문명시대의 대학교육은 이렇게 정해진 시간에 학생들을 교실에 모아 일정 시간 가르치고 획일적으로 평가한 후, 성적을 내주는 것

	산업혁명 이전 (~1750년)	산업문명시대 (1750~2000년)	디지털문명시대 (2001년~)
학문	신학+철학	인문사회학+ 자연과학+공학	인문사회학+ 자연과학+공학+ 정보과학
지식의 저장	두뇌	두뇌+도서관	두뇌+도서관+ 인터넷
인재의 활동 범위	마을	국가	지구촌
교육 대상	왕족과 귀족	의무교육(국민 전체)+ 고등교육(엘리트)	의무교육+고등교육 +평생교육 (국민 전체)
교육 방법	일대일 가정교사	칠판 앞의 교수+ 교실 책상에 앉은 많은 학생	언제 어디서나 편리한 시간에 원하는 만큼 학습
교육의 최고 가치	권력과 부를 세습	산업생산에 적합한 다수의 균질한 인재 양성	개개인의 삶이 존중받는 행복한 인재 양성

그림 1 - 문명 발전과 교육의 변화

이었다.

하지만 이제는 모든 활동이 사이버 공간에서 가능한 디지털문명시대다. 앞으로 대학은 누구라도 Anyone, 편한 시간에 Anytime, 원하는 장소에서 Anyplace 가르치고 배우는 이른바 3A 교육과 학습에 더 많은 정성을 쏟아야 한다. 오늘의 대학들에게 3A 교육을 가꾸는 일은 미래 발전 전략이 아니다. 생존 전략 그 자체다. 그런데 사실 이러한 사이버 공간에서의 교육을 우리는 코로나-19 팬데믹으로 급작스럽게 그리고 강제적으로 이미 경험한 바 있다. 2020년 이후 약 3년간 모든 학교는 폐쇄되었고 수업은 온라인으로 진행되었다. 전통적 교육이 완전히 불가능해지면서 비대면 교육이 일상이 될 수밖에 없었다. 아쉬운 점은 이 기간 쌓은 경험을 이제는 모두 버리고 우리 대학들은 팬데믹 이전과 거의 동일한 모습으로 다시 돌아갔다는 사실이다.

인터넷을 이용한 비대면 교육은 코로나 이전에도 상당한 궤도에 올라 있었으며, 세계 유수 대학에서는 대규모 온라인 공개강좌인 MOOC를 이미 활발히 이용하고 있다. MOOC 플랫폼 코세라 Coursera 에는 현재 1만 개 이상의 대학 교과목 강의가 올라와 있는데, 이는 전 세계 400여 개 가까운 선도적인 대학들이 제공하는 것이다. 인터넷만 있으면 언제 어디서든 스스로의 스케줄에 맞추어 원하는 분야의 고품질 강의를 무료로 혹은 저렴한 비용으로 수강할 수 있는 세상이다. 이러한 원격 강의는 기존 교육 시스템의 한계를 뛰어넘었고, 특히 이를 통해 누구나 평생학습이 가능하다는 측면에서 대단히 유용하다.

미국 하버드대학은 많은 사람이 인정하는 세계를 이끄는 고등교육기관이다. 하버드 역시 여느 대학과 마찬가지로 코로나로 캠퍼스가 폐쇄되면서 모든 학생을 온라인으로 교육해야 하는 예기치 못한 시간을 보냈다. 그 후 하버드대학은 교수와 학생이 온라인 세상에서 가꾼 교육 경험을 분석해, 그 결과를 2022년 봄 〈미래교육보고서 Report of the Harvard Future of Teaching and Learning Task Force〉로 발간한 바 있다.

이 보고서에 따르면, 무려 82%의 하버드 교수들은 앞으로 학생들의 학업 성취를 크게 향상시키기 위해 온라인과 오프라인 강의를 병행해야 한다는 데 의견을 모았다. 즉, 블렌디드 러닝 Blended Learning 이 훨씬 유효하다는 것이다. 대학교육의 새로운 방향은 우선 이처럼 디지털문명시대에 걸맞은 교육방법을 택하는 것이다. 칠판 앞에서 한 사람의 교수가 여러 학생을 앉혀 놓고 지식을 전달하는 교육방법은 옛날이야기가 되었다. 대학은 학생들이 언제 어디서나 원하는 만큼 학습할 수 있는 시스템을 제공해야 한다.

한편, 우리는 흔히 좋은 대학으로 앞서 언급한 하버드대학이나 MIT 혹은 스탠퍼드대학처럼 대학원이 활성화된 대학, 즉 연구 성과를 내는 대학들을 꼽는다. 그러나 미국에는 학부생 교육에 전념하는 보석 같은 대학으로, 이른바 리버럴 아츠 칼리지 Liberal Arts Colleges가 따로 있다. 이런 대학들의 공통점은 사립이면서, 극소수의 학생만 선발하고, 폭넓은 교육을 지향한다는 것이다. 다양한 교육 경험을 제공받은 졸업생들은 사회 각 분야의 리더로 활약하고 있다. 또 유명 대학원에도 진학해서 폭넓은 기초 교양을 바탕으로 연구자나 학자로 성장한다.

리버럴 아츠 칼리지 중 하나인 세인트존스 칼리지 St. John's College는 1696년에 세워진 전통 있는 대학으로, 현재는 미국 동부와 서부 두 곳에 캠퍼스를 두고 있는데,

두 개의 캠퍼스를 합쳐 1년 입학생은 220명 정도이다. 이곳은 특별하게 전공을 나누지 않고 철학, 과학, 문학 등에 관련된 동서양 고전을 다루는 이른바 'Great Books Curricular'를 운영한다. 또 다른 예로 삼을 수 있는 올린공과대학 Olin College of Engineering은 1997년에 설립 인가를 받고 2002년에 개교한 공과대학으로, 역시 한 해에 100명 미만의 학생을 선발한다. 이 대학은 기업의 문제를 갖고 전공에 관계없이 소그룹으로 모여 해결 방안을 찾는 현장 복합형 커리큘럼이 특색이다. 두 곳 모두 하버드대학이나 MIT에 중복 합격한 학생들이 선택하는 대학이다.

여하튼 대학의 존재 이유는 인간사회를 좀더 따뜻하게 만드는 인재를 키우기 위함이다. 그러면 인간이란 무엇일까? 두 획으로 쓰는 상형문자 '인人'에서 알 수 있는 것처럼, 사람은 혼자가 아니다. 서로 의지하고 받쳐 주며 사는 존재다. 그리고 여기에 '사이 간間'이 함께한 것이 인간人間이다. 삶이란 결국 사람과 사람 사이가 가장 중요하다는 의미이며, 이는 궁극적으로 대학이 양성해야 할 인재란 사회의 다른 구성원들을 잘 보듬고 받쳐 주는 존재임을 의미한다. 이러한 인재에게 필요한 것은 지식만

르네상스시대에 이탈리아가 낳은 위대한 천재 레오나르도 다 빈치의 초상화. 그는 "삶의 지혜는 경험에서 얻는 것"이라고 이야기했다.

이 아니다. 절대적으로 요구되는 것은 다른 사회 구성원과 어울려 살아가는 지혜 wisdom 일 것이다. 지혜는 지식을 더욱 빛나게 한다. 인류 역사상 인재 중의 인재로 꼽히는 레오나르도 다 빈치 Leonardo Da Vinci 는 "Wisdom is the daughter of experience", 즉 지혜는 경험의 딸이라고 이야기했다. 좋은 대학이란 결국 다양한 사회 경험을 쌓을 수 있는 곳, 즉 경험을 통해 지혜를 키울 수 있는 곳이다.

이런 측면에서 앞으로 대학이 지녀야 할 바람직한 모습은 다음과 같다. 우선은 개개인의 학업 성취와 궁극적 성공을 대학이 챙길 수 있는 소규모 학생 정원이다. 대량생산의 시대는 지났다. 그리고 당연히 교수들이 학생에게 많은 시간을 쓰며 교육에 헌신하는 대학이다. 또한 디지털문명사회의 교육 방식을 충분히 활용하면서 초장수사회에 대비한 폭넓은 교양교육을 제공하는 대학이다. 마지막으로, 다양한 사회 경험을 통해 학생들의 지혜를 키우는 대학이다. 리더 양성에 꼭 필요하며 소중한 일이다. 괴테는 젊은 날의 이탈리아 여행을 두고 "스스로를 다시 태어나게 하고 충실한 삶을 살 수 있게 만든" 인생 최고의 경험이었다고 이야기한 바 있다.

대학 경쟁력 = 국가 경쟁력

1993년, 이스라엘의 이츠하크 라빈 총리가 중국을 방문했을 때의 일이다. 입국 회견에서 어떤 기자가 "인구 800만 명밖에 안 되는 작은 나라 이스라엘이 어떻게 중동의 수많은 아랍 국가를 상대로 굳건히 버텨내며, 또 많은 첨단기술 분야에서 세계 중심 역할을 하고 있는가"라고 조금은 당돌하게 질문했다. 이에 대한 라빈 총리의 즉각적인 답변은 다음과 같았다. "이스라엘에는 세계적인 대학이 일곱 개나 있답니다. 우리 힘의 원천은 대학이지요." 이스라엘 최고지도자의 머리에는 이처럼 대학 경쟁력이 바로 국가 경쟁력이라는 사실이 확실하게 각인돼 있었던 모양이다. 부러운 일이다.

한국과 마찬가지로 1948년 건국한 이스라엘은 우리보다 훨씬 척박한 자연환경을 지닌 나라다. 그러나 각고의 노력으로 이제는 곡물과 육류를 제외한 대부분의 식량을 자급자족하는 국가로 변신했다. 이스라엘은 21세기에 들어서만 이미 여섯 명의 노벨 과학상 수상자를 배출했으며, 그보다 더 부러운 점은 세계에서 인구 대비 벤처 창업이 제일 많은, 즉 기업가 정신이 가장 충만한 나라라는 사실이다. 1인당 국민소득도 이미 5만 5천 달러에 접근했으니 이스라엘은 작지만 강한 나라임에 틀림없다. 한국이나 이스라엘은 국력의 기초로 삼을 것이 우수한 인재밖에 없는 나라이므로 대학의 역할은 특히 막중하다. 오늘의 대학에서 민족의 내일을 짊어질 인재가 육성되고 있음을 생각하면, 우리 대학들의 경쟁력 강화는 절실한 과제이다.

한편, 누구나 인정하는 미국 대학들의 막강한 힘은 링

아이오와주립대 내에 있는 토지 불하 대학 안내판. 1869년 문을 연 아이오와주립대는 최초의 남녀공학 토지 불하 대학이다.

컨 대통령이 그 기초를 쌓은 것이다. 링컨은 남북전쟁이라는 엄청난 국가적 갈등을 겪으면서, 미국이 혼돈을 벗어나 화합하고 발전하기 위해서는 무엇보다도 대학교육이 중요하다는 사실에 공감했다. 이를 위해 대규모 캠퍼스 부지를 연방정부가 무상으로 제공하는 이른바 토지 불하 land grant 대학들을 설립했다. 미국의 많은 주립대학들은 물론이고 MIT 같은 일부 사립대학들도 이와 유사한 지원을 받았다. 정부와 사회가 대학을 지원하고 대학은 미래에 활약할 인재를 교육해 사회로 배출하는 선순환은 이렇게 시작되었으며, 이 지원 제도는 최근까지 지속되었다. 모두 106곳의 토지 불하 대학 중 57곳은 링컨 대통령 재임 중인 1862년에, 19곳은 1890년에, 나머지 35곳은 1994년에 지정되었다.

오늘의 대학 경쟁력은 내일의 국가 경쟁력이다. 그런 측면에서 최근 활기를 잃고 시들어 가는 우리 대학들의 모습은 대단히 우려할 일이다. 왜 이렇게 되었을까? 앞서 언급한 정부와 국민 그리고 대학 간의 선순환이 우리 사회에서는 끊어지고 말았다. 사회는 대학을 신뢰하지 않으며, 따라서 지원도 하지 않고 있다. 게다가 우리 국민들의 교육열은 자녀의 대학 입학과 더불어 차갑게 식어 버리는 듯싶다. 그리고 표만 계산하는 정치 때문에 포퓰리즘 그 자체인 반값 등록금에 휩쓸려 무려 16년간이나 등록금이 동결되어 있었으니, 기업이라면 파산에 이르렀을 사립대학이 허다하다. 안타깝고 안타까운 일이다.

우리 대학들은 왜 사회의 신뢰를 잃었을까? 대학은 사회 여느 조직과 다르게 도덕적으로 훨씬 더 엄정하고 모든 면에서 투명해야 한다. 걸핏하면 나오는 유명 연예인이나 정치인들의 논문 표절 시비는 결국 대학이 부실하게 학위를 수여했기 때문이다. 의혹이 제기되면 이를 철저히 점검해서 표절이면 학위를 취소하고 지도교수를 징계해야 하는데, 그런 당연한 일들에 대학은 머뭇거리기만 한다. 입학 부정에 관한 처리도 정치 풍향에 따라 기준이 오락가락하는 대학들이다. 2012년 하버드대학은 리포트 시험에서 부정행위를 저지른 150명 가까운 학생을 모두 징계 처분했다. 독일에서는 2013년 연방정부의 교육 및 연구부 장관이 출신 대학에서 박사학위를 취소하는 바람에 자리에서 물러났다. 8년째 장관으로 일하던 중이었는데, 1980년에 작성해 제출한 박사학위 논문에 표절이 있었다는 이유다. 우리 대학들도 이런 엄정함을 본받아야 한다.

대학은 사회가 아끼고 사랑하는 존재로 거듭나야 한다. 힘들고 먼 길이지만 존경받는 대학이 되어야 정부와 사회로부터 충분히 지원받을 수 있다. 국민이 대학을 신뢰하고 대학이 국가발전에 기여하는 상생이 이루어져야 대한민국이 밝은 미래를 가꿀 수 있다. 이를 위해서는 대학이 그야말로 뼈를 깎는 자기혁신의 모습을 보여야 할 것이다. 교수들의 일탈과 방종도 감싸는 정년 보장이나 성과에 상관없는 급여 제도 그리고 학과 간 높은 벽 안에서 안주하는 대학 체제로는 국민의 사랑을 받기 어렵다.

환골탈태에 나서는 대학에 대해서는 사회도 따뜻하게 지원할 것으로 확신한다.

이런 힘든 상황에서 우리 대학을 덮치고 있는 또 하나의 쓰나미는 학령인구 감소다. 많은 대학들은 이미 입학정원 대규모 미달 사태를 겪고 있다. 대학수학능력시험을 아예 치르지 않은 학생들도 합격시키고 장학금 추가 지원에 최신형 스마트폰까지 마련해 주며 신입생 유치에 힘을 다했지만, 지역의 대부분 대학들은 결국 정원을 못 채우는 형편이다. 벚꽃 피는 순서로, 즉 서울에서 멀리 떨어진 지역일수록 대학 문을 빨리 닫아야 할 것이라는 농담이 현실이 되고 있다. 단순한 시장 논리로 학생이 찾지 않는 대학은 사라지는 것이 마땅하다는 의견도 있지만, 이는 대단히 적절치 않다. 젊은이가 사라지면 지역은 생기를 잃는다. 이제 몇 년이 더 지나면 수도권에도 벚꽃이 핀다는 사실을 대학들은 또 실감하게 될 것이다.

사실 학령인구 감소는 이미 오래전부터 모두가 익히 알고 있었던 일이다. 앞으로 학생 수 감소는 더 심각해지고 이로 인한 어려움도 가중되겠지만 그 누구도 본격적인 대책을 강구하지 않고 있다. 우리가 마주한 큰 사회문제이니 당연히 일차적 책임은 정부와 국회에 있다. 그러나 이는 장기적 미래를 준비하는 일에 대단히 취약한 우리 대학들 스스로의 책임이기도 하다. 문제 해결을 미루다가 오늘에 이르고 만 것이다. 지역 대학들의 유일한 생존 방향은 적은 수의 학생으로 특화된 분야에서 경쟁력을 지닌 이른바 '강소대학'으로 발전하는 것이다. 정부와 사회는 대학들의 이런 노력을 뒷받침해야 한다.

사립대학들은 더욱 어렵다. 우리 헌법 31조 1항은 "모든 국민은 능력에 따라 균등하게 교육을 받을 권리를 가진다"고 명시하고 있다. 모든 교육은 국가의 책무이며, 이는 국공립대 설립의 당위성이다. 그리고 사립대들은 고등교육에 대한 국민 욕구를 충족시킬 수 없었던 국가가 민간에 그 역할을 위탁해 설립된 기관들이다. 현재 우리 사회에는 모두 350여 개의 대학이 있는데, 그중 300여 개는 사립대학이며, 대학생 4명 중 3명이 사립대학생이다.

일본은 사립대학 비중이 우리와 아주 흡사한 나라다. 그리고 매년 약 100만 명에 이르는 고교 졸업생 중 절반 정도가 대학에 진학하므로 전체 대학생 수도 우리와 비슷한 규모다. 그러나 대학 숫자는 우리 두 배에 해당하는

750여 개이며, 그중 30%는 재학생 전체가 1천 명도 안 되는 작은 대학들이다. 이렇게 많은 수의 소규모 대학들이 건재한 것은 사립대학에 대해서도 교직원 인건비와 학생 교육비 일부를 국가와 지방정부가 지원하기 때문이다. 우리도 지역에 작고 강한 대학을 키워야 한다. 미래를 준비하는 정부라면 이런 대학 문제에 훨씬 더 큰 관심을 지녀야 할 것이다.

사립대가 지닌 또 다른 가치는 국공립대와 다르게 각자 고유한 건학 이념과 교육으로 다양한 인재를 양성하는 데 있다. 이를 위한 자율성은 대학의 생명이며 특히 사립대학의 존재 이유인데, 우리 현실 속의 대학들은 국공립, 사립 가릴 것 없이 모두 포괄적이고 일률적인 정부 규제로 획일화되어 있다. 부침이 있었지만 그래도 비교적 잘 가꾸어 온 '자율형 사립고'와 유사하게 '자율형 사립대' 제도를 도입해 일부 사립대학들에 대해서라도 규제를 풀면 어떨까?

우리 국민 대부분이 불만을 갖고 있는 초중등 공교육에는 실제로 많은 문제가 있다. 그리고 그 대부분은 서열화된 대학으로 인한 과열 입시경쟁에서 비롯된 것이기에,

이에 대학의 책임은 막중하다. 여러 측면에서 대학 혁신의 당위성은 아무리 강조해도 지나치지 않다. 당장 내년 살림을 걱정하는 대부분의 대학들은 혁신을 엄두도 내지 못하고 있지만, 그러나 이는 미룰 일이 아니다. 과거는 오늘로 이어지고 이는 다시 미래로 향한다. 미래를 위해 중요한 것은 오늘이다. "오늘 하는 일이 미래를 결정한다"는 마하트마 간디의 말이다.

 기존 대학들의 자기혁신은 중차대한 이슈다. "19세기 의사가 오늘날의 의료장비가 완비된 외과병동에 온다면, 그는 아무것도 이해하지 못하고 어떤 진료도 못할 것이다. 그러나 19세기 교수가 오늘의 대학에 온다면 그에게는 강의실, 연단, 수업 방식, 그리고 학생 등 모든 것이 익숙할 것이다. 문학, 역사, 철학, 언어 등은 과목까지 익숙할 것이다." 대학의 혁신을 강조한 제임스 두데스탯 James Duderstadt 미국 미시간대학 전 총장의 말이다. 근간에 골든타임이 많이 언급되는데, 이는 우리 대학들의 자기혁신에도 적용되는 말이다. 때를 놓치면 점점 경쟁이 심해지는 세계 무대에서 우리의 많은 대학은 그 존재 자체가 아예 사라질지도 모른다.

20세기 대량생산체제에 걸맞은 대형화된 대학교육 시스템은 이제 바꿔야 한다. 세분화한 전공 지식을 암기하여 사회에 나가 활용하는 방식은 미래에는 더 이상 불가능하다. 대학은 정해진 답을 찾기보다 풀 수 없는 복잡한 문제를 해결하는 인재들을 육성해야 한다. 형식화된 지식의 습득만으로 전문성을 가졌다고 할 수 없다. 특히 형식화된 지식을 습득할 수 있는 방법은 디지털혁명에 의해 매우 다양해지고 효과적으로 제공되고 있다. 누구나 시간과 공간을 초월하여 최고의 교수들에게 교육받을 수 있는 환경이 된 것이다. 이제는 교수와 학생들이 토론을 통해 문제를 풀어 내고 새로운 해결방식을 찾아내는 혁신적 교육 방식이 필요하다.

토론으로 문제를 해결하는 강의를 통해 지식을 체득하고, 아울러 전 세계를 무대로 하는 현장 중심 체험학습으로 지혜를 축적해야 한다. 인류 사회 각 분야의 최첨단에서 앞서가는 리더들을 양성하는 것이 진정한 대학교육의 모습이다. 학생들은 전 세계의 엘리트 학생들과 함께 생활하면서 문화의 다양성을 이해하고 서로를 배려하는 리더십을 함양해야 할 것이다. 우리 사회도 이제는 혁신적

대학교육을 허용해야 한다. 젊은이들에게 새로운 길을 열어 주어야 한다. 오늘을 살고 있는 우리 스스로를 위한 '현재 복지'를 넘어서야 한다. 교육은 자라나는 젊은이늘 위한 '미래 복지'다.

미래를 책임질 글로벌 리더 양성

오늘날 인류사회는 커다란 변화에 직면해 있다. 20세기 대량생산체제의 산업문명은 환경오염, 지구온난화, 대량살상무기, 테러리즘 그리고 인구폭발과 같은 인류 생존을 위협하는 심각한 위기를 초래했다. 인류문명이 지속하기 위해서는 이러한 위협 요소를 해결하고 글로벌 차원에서 미래를 위한 새로운 대안을 마련해야 한다. AI 혁명이나 생명 합성 등과 같은 새로운 문명의 발전과 변화 속에서 20세기 산업화가 초래한 위험에 철저히 대비하는 일은 매우 중요한 과제다.

하지만 세계 각국은 아직도 자국 중심의 이해 추구를 우선하고 있다. 위기를 극복하기 위해서는 인류 전체 관점에서 문제를 풀어야 하는데, 강대국은 자국 이익만을 앞세워 세계를 운영하고 있다. 특히 21세기 들어서 기존의 패권 국가인 미국과 이에 도전하는 신흥 세력 중국 간의 갈등이 심화되고 있다. 그리고 한반도는 이러한 패권 충돌의 최전선에 있다. 더구나 북한 핵 문제 등 지정학적 변수 증가로 위험이 가장 큰 곳이 되었다. '글로벌 협력'이라는 전례 없는 임무를 완수하지 못하면 우리는 또다시 국토 유린과 생사를 가르는 위협에 직면할 수도 있다.

미국은 영국으로부터 독립하면서 건국이념으로 개인의 자유를 강조해 온 반면 중국은 오랜 기간 유교적 전통의 정치철학하에서 공동체의 이익을 우선시했기 때문에, 서로의 시스템과 통치철학을 이해하지 못하고 상대방을 잘못된 국가로만 인식하고 있다. 중국은 미국을 무질서한 무정부적 국가로, 미국은 중국을 공산독재 국가로만 여기고 있는 것이다. 이제는 이러한 두 가지 관점의 철학을 조화롭게 이해하면서 미래를 새롭게 설계할 지도자들이 인류사회에 필요한 때가 되었다.

우리는 세계의 변화를 읽지 못하고 국내 정치의 틀 안에서 경쟁과 갈등에 빠져 있다가 나라를 도탄에 빠트린

뼈저린 경험을 갖고 있다. 일본이 1868년 메이지유신으로 나라 전체가 환골탈태하면서 근대화를 받아들일 때 우리나라는 기존 질서를 유지하며 변화를 거부하다가 나라를 빼앗기는 수모까지 당했다. 중국에서 공산당이 장개석 국민당 정부를 대만으로 몰아내고 1949년 중화인민공화국을 세우는 역사적 변화를 보고도 우리는 새로운 국제 질서에 대비하지 못했다. 우리 지도자들은 북한의 남침 의도를 파악하지도 못하고 안일한 지정학적 인식 속에서 머물다가 6·25전쟁이라는 민족상잔의 고통을 겪었다. 아직도 남북이 대치하고 북한의 핵 위협이 고조되는 가운데 미국과 중국 간의 갈등은 한반도의 미래에 심각한 위협이 아닐 수 없다.

1천 년 이상 자국의 이익을 위해 서로 피 흘리는 역사를 경험한 유럽 국가들은 제2차 세계대전의 비참한 경험을 반성하면서 어느 한 나라가 다른 나라를 침략하고 지배하는 역사를 거듭하지 않기 위해 종전 직후 유럽석탄철강공동체를 만들었다. 전쟁의 핵심 자원을 한 국가가 독점할 수 없는 공동 운영 시스템을 만든 것이다. 이는 유럽경제공동체EEC로 발전했고 이제는 정치적 통합까지 이룬

유럽연합 EU으로 발전했다. 동북아 한·중·일 3국도 마찬가지 길을 걸어야 한다. 과거의 역사를 넘어 새로운 공동체 질서를 만드는 것이다. 그리고 더 나아가서는 인류 문제를 함께 풀어 갈 세계 정부도 추진해야 한다.

우리 대학들에게 주어진 절대적 교육목표는 이런 담대한 일에 도전해서 이를 기필코 이루겠다는 열정과 능력을 지닌 지도자 양성이다. 인류 미래를 가꾸어 갈 글로벌 리더 global leader를 키우는 일이다. 불가능에 가깝게 느껴지지만, 한반도와 인류 전체의 미래가 걸린 이 위대한 과제에 일생을 걸고 헌신할 인재들을 찾아 키워야 한다. 세계 공멸의 위험을 공생의 기회로 반전시키는 해법을 찾아야 한다. 한반도와 아시아의 역동적 에너지와 협력 성과들을 전 세계로 확장하여, 오늘의 세계를 '보다 안전하고 건강한 미래 세계'로 진화시켜야 한다.

2023년 9월, 태재대학교 泰齋大學校는 3년 가까운 준비기간을 거쳐 첫 번째 신입생을 맞이하면서 정식으로 출범하였다. 대학의 교육목표는 21세기 인류가 마주한 자연생태 및 정치적 위기를 기회로 반전시키는 꿈에 도전할 리더들을 키우는 것이다. 시간과 공간을 초월해서 교육받

서울 원서동 태재대학교 대학본관. 전통 한옥 바탕의 서양식 유리 건물로, 이는 동서양 문화의 조화라는 태재대 설립 의의와 일맥상통한다.

을 수 있는 디지털문명시대를 맞이하여 캠퍼스를 세계로 확장하며 20세기 대량생산시대에 적합했던 대형화된 교육 시스템을 벗어난 태재대학교는 기존의 우리 대학과는 전혀 다른 교육철학과 교육방법으로 21세기 고등교육의 새로운 패러다임을 개척하고 있다.

 인류 대화합을 이끌 지도자를 양성하기 위해 태재대학교가 지향하는 인재상은 첫 번째가 '세계경영 인재'인데, 이는 동서양의 문화와 역사를 함께 이해하면서 인종, 종교, 그리고 정치 갈등을 극복할 세계 공동체 건설에 기여하기 위함이다. 그리고 두 번째, '미래경영 인재'는 디지털문명시대의 사회적 위험을 예견하고 해결할 수 있는 인재이다. 비판적 사고력과 소통 및 협업 능력을 갖추고 기후변화, 에너지 고갈, 그리고 대도시 문제 등의 과학기술적 혹은 사회적 해결에 공헌할 인재이다. 세 번째, '자기혁신 인재'는 자연과 사회현상에 대해 끊임없는 호기심을 지니고 평생 학습하면서 변화에 능동적으로 대처하는 인재이다. 창의적 사고력과 자기주도 학습으로 초장수시대에 스스로의 삶을 관리할 수 있는 창의력 등을 지속적으로 가꾸는 인재이다. 이를 목표로 운영 중인 태재대의 교육에 대해서는 이어지는 장에서 자세히 다룰 것이다.

Chapter 3

태재의 교육과정:
전공지식 아닌
역량 중심 교육

강민수·이나연

강민수

고려대학교에서 교육학 박사학위를 취득하였다. 현재 태재대학교 교수이자 교육기획팀장으로 재직 중이며, 교육행정 및 정책, 고등교육, 직업교육, 역량 및 AI 기반 학습 분야의 제도 설계 및 기획 업무를 수행하고 있다.

이나연

이화여자대학교 교육대학원에서 교육학 석사학위를 취득하였다. 현재 태재대학교 교육기획팀 연구원으로 재직 중이며, 국가 교육과정 개정 연구, 교원양성 교육과정 설계, AI 기반 학습 도구 개발 등의 기획과 실행 업무를 수행하고 있다.

디지털 전환으로 미래는 예측할 수 없을 정도로 빠르게 변하고 있다. 현재와 같은 지식 암기와 기억력 평가 중심의 교육 시스템으로는 미래 사회의 복잡한 문제를 효과적으로 해결할 인재를 양성하기 어렵다. 이를 타개하기 위해 태재대학교는 학생 교육에서 단순한 지식 전달을 벗어나 미래 사회의 불확실성에 능동적으로 대응하고 복잡한 문제들을 스스로 해결할 수 있는 '핵심역량' 중심의 교육을 지향하고 있다. 이는 다른 대학들과 차별화된 태재대학교만의 뚜렷한 강점이며, 학생들을 미래 사회의 주역으로 성장시키는 태재 교육의 근본이다.

왜 핵심역량 교육인가?

21세기 들어 AI, 빅데이터, 그리고 기후변화 등 다양한 요인들로 인해 우리가 사는 사회와 개인의 삶은 급격하게 변화하고 있다. 이러한 변화 속에서 과거의 지식만으로는 미래를 살아가는 일에 한계가 있음이 자명하다. 고등교육, 즉 미래를 살아갈 젊은이를 키우는 교육은 더 이상 교수 강의로 이루어지는 일방적인 지식 전달에 머물러서는 안 된다. 학생 스스로가 미래의 문제들을 분석하고 해결할 수 있는 역량을 키워주는 새로운 교육 시스템 구축이 무엇보다 중요하다.

여기서 우리는 '능력'과 '역량'의 차이를 분명히 구분할 필요가 있다. '능력'은 특정 분야에서 활용할 수 있는 숙련된 기술이나 지식을 뜻한다. 반면, '역량'은 주어진 상황에서 지식, 기술, 협업 능력 등을 종합적으로 활용하여 복잡한 문제를 효과적으로 해결하는 포괄적인 능력을 말한다. 즉, 역량은 단순히 '잘하는 것'을 넘어 '상황에 맞춰 효과적으로 해내는 것'에 초점이 있다.

많은 학자들은 미래 사회의 핵심역량으로 4C, 즉 창의력 creativity, 비판적 사고력 critical thinking, 소통 communication 그리고 협업 collaboration을 강조한다. 하지만 대부분의 대학에서는 전통적인 학과 중심의 분절分節적인 교육 체계 때문에 학생들이 이러한 역량을 효과적으로 키울 수 없는 것이 현실이다. 태재대학교는 이러한 한계를 명확히 인식하고, 교육의 패러다임을 전환하여 핵심역량 배양에 중심을 둔 교육과정을 수구하고 있다.

이는 학생 중심 교육으로의 전환을 시사한다. 첫째, 교육 내용은 교수 개인의 학문적 배경이나 관심사가 아닌, 학생이 미래 사회에서 갖추어야 할 역량을 중심으로 설계되어야 한다. 둘째, 학생이 다양한 관점에서 문제를 분석하고 창의적인 해결책을 도출할 수 있도록, 교과 간 경계를 넘나드는 융·복합형 교육과정이 운영되어야 한다. 이를 위해서는 강의실과 캠퍼스를 넘어 현실 세계에서 문제해결을 시도해 보는 장이 반드시 마련되어야 할 것이다. 마지막으로, 사회 속에서 타인과 좋은 관계를 맺으며, 더 나아가 자아개념, 성격이나 동기 등 내적 특성을 계발할 수 있는 기회가 제공되어야 한다. 이를 위해서는 학습 성취도를 평가하는 방식에도 변화가 요구된다. 지식의 축적 정도만이 아니라 습득한 지식과 기술을 활용 및 적용할 수 있는 확장 가능성, 더 나아가 새로운 문제에 직면했을 때 스스로 학습하고 해결할 수 있는 준비성을 평가할 수 있어야 한다.

태재대학교는 핵심역량 중심으로 교육과정을 재구조화했다. 이러한 혁신이 가능한 것은 태재대가 전공의 칸막이가 없는 신생 대학이며, 그리고 무엇보다도 소규모 대학으로 학생 중심 교육이 가능하기 때문이다. 태재대학교에서는 학생들에게 자신이 가장 잘하고 좋아하는 일을 스스로 찾는 경험의 기회를 충분히 제공하면서, 다양한 상황에 적용 가능한 전이 가능성이 높은 핵심역량을 기르는 교육에 집중하고 있다.

핵심역량 중심 교육과정 설계

인재상에 기반한 핵심역량 도출

태재대학교의 건립 목표는
- 동서양 화합에 이바지하는 세계경영 인재,
- 지속가능한 사회에 공헌하는 미래경영 인재,
- 21세기 미래 사회를 주도하는 자기혁신 인재

를 양성하는 것이다. 이러한 명확한 목표를 구현하기 위

개인적 역량			사회적 역량		
비판적 사고	창의적 사고	자기주도 학습	소통과 협업	다양성과 공감	글로벌 화합과 지속가능성

그림 2 – 태재대학교 교육의 중심축을 이루는 6대 핵심역량

해 태재대학교는 그림 2와 같이 6가지 핵심역량을 키우는 것을 교육의 중심축으로 삼았다.

핵심역량은 크게 개인적 수준과 사회적 수준으로 구분할 수 있는데, 전자는 학생 개개인의 성장을, 그리고 후자는 사회 속에서의 삶을 위한 것이다. 모든 인간은 사회의 한 구성원으로 존재하며, 사회 속에서 행복한 한 개인이 다시 행복한 사회를 만든다. 우선 미래를 헤쳐 가는 데 필요한 개인적 역량 세 가지는 다음과 같다.

비판적 사고 정보를 객관적으로 분석, 종합, 평가하고, 이를 바탕으로 합리적으로 판단하는 능력.

창의적 사고 새롭고 유연하게 사고하여 아이디어를 창출하고 혁신적인 방식으로 문제를 해결하는 능력.

자기주도 학습 자신의 학습 목표를 스스로 설정하고 필요한 것을 찾아내어 학습을 계획하고 실행하며, 평생학습

자로서 새로운 것을 능동적으로 탐색하고 배움을 즐기는 능력.

여기에 더해 사회구성원으로서의 책임과 역할을 수행하며 좋은 인간관계를 맺는 능력은 미래 초연결사회에서 지극히 중요하다. 이는 통상적으로 사회·정서적 역량, 즉 'Social-Emotional Skills[SES]'라고 부르는데, 우선은 긍정적인 인생을 살기 위해 스스로의 감정과 정서를 다스리고 이해하는 능력이다. 그리고 타인을 배려해 좋은 인간관계를 맺으며, 자신의 결정을 스스로 책임지는 역량이다. 이를 역시 세 가지로 나누어 생각하면 다음과 같다.

소통과 협업 자신의 생각을 명확하게 전달하고, 다른 사람들의 의견을 경청하며, 신뢰와 존중을 바탕으로 공동의 목표 달성을 위해 함께 일하는 능력.

다양성과 공감 개인 및 집단 간의 차이를 이해하고 존중하며, 다른 사람의 관점에서 그들의 관점, 감정 및 맥락을 수용하고 글로벌 시민으로서 포용적 의사결정을 하는 능력.

글로벌 화합과 지속가능성 개인과 국가 간의 평화와 조화를 사회 공동의 책무성으로 인식하며, 지속가능한 인류 공동체를 구축하는 능력.

교육과정의 기본 틀

앞서 언급한 6대 핵심역량을 위한 태재대학교의 교육은 특정 역량을 특정 과목에서 키우는 것이 아니다. 태재에서는 단위 과목에서 어떤 역량이 배양되는지를 넘어 4년간의 교육과정 전체를 통해 계속적으로 6대 핵심역량이 계발되고 이를 체득體得할 수 있도록 틀을 만들었다. 이를 위해 교과학습, 경험학습, 그리고 비교과학습까지 모두를 연계하며 통합해서 교육과정을 설계했다.

단순한 지식 전달은 이제 의미가 없는 일이다. 교육과정은 학생들이 습득한 지식을 실제 상황에 적용하고, 창의적으로 사고하며, 독립적으로 문제를 해결할 수 있도록 설계되어야 한다. 역량은 지식과 기술 그리고 가치 및 태도를 아우르는 총체적인 개념이다.

먼저, 역량을 구성하는 지식knowledge에는 세 가지 유형이 있다. '학문적 지식'은 교육과정 내에서 학생들이 학습하는 개념 중심의 이론적 지식이며, '인식론적 지식'은 이러한 지식이 어떻게 형성되고 확장되는지를 이해하는 메타적 성찰을 포함한다. 마지막으로, '절차적 지식'은 문제 해결과 과제 수행에 필요한 구체적인 방법과 실행 전략에 해당한다.

역량의 두 번째 구성 요소는 기술 skill 로, 이는 학생이 다양한 상황에서 문제를 분석하고 해결하며, 효과적인 의사결정을 내리는 데 필요한 사고력과 행동 역량을 포함한다. 즉, 지식을 바탕으로 실제 행동으로 구현 가능한 능력을 말한다.

마지막으로, 학습 동기, 타인에 대한 신뢰와 존중, 윤리적 책임 의식 등과 같은 가치 및 태도 value and attitude 가 역량의 핵심 요소로 포함된다. 이는 지속가능한 미래를 살아갈 책임 있는 시민으로 성장하기 위한 기반이 되며 오늘날 교육의 핵심 목표 중 하나로 간주된다.

태재대학교 학생들은 교과학습을 통해 융·복합 지식을 습득하고, 도시문제 해결 프로젝트 Civic Project, 스터디 투어 Study Tour 등 전 세계를 무대로 하는 글로벌 활동으로 실제적인 행동 능력을 강화할 수 있다. 그리고 기숙사 생활 및 비교과 프로그램을 통해 학생 개개인은 내적 가치 및 태도를 통합적으로 성숙시킬 수 있다. 즉, 전통적인 교과목 수강과 더불어 그 이외의 영역에서 이루어지는 생활도 모두 중요한 교육에 포함된다. 이를 위해 모든 학생은 기숙사에서의 공동생활이 필수이며, 이를 통한 긴밀한 상호작용 속에서 자기조절 능력을 기르고 사회적인 관계를 구축하는 역량을 기른다. 6대 핵심역량은 전공교육, 경험학습, 그리고 비교과 학습과정 모두를 통해 길러지며, 동일한 평가 루브릭을 사용하여 학생의 학업 성취도를 확인해서 교육의 모든 과정이 일관된 방향성을 가지도록 하였다.

 교육은 언제나 즉각적으로 효과를 가져오는 것은 아니다. 예컨대 태재대학교에 입학하면 학생들은 '비판적 사고와 합리적 사고 Critical and Rational Thinking' 교과목을 수강하지만 한 학기 수업으로 무언가를 바로 성취하고 달라지는 것은 아니다. 과목 수강을 통해 비판적 사고에 관한 기초 이론과 방법을 배우고, 그것을 바탕으로 4년간의 학습과정을 통해 계속적으로 비판적 사고 역량을 발달시켜야 한다. 이 과정에서 학생은 학습내용을 다른 교과목 수강,

과제 수행, 그리고 프로젝트에 적용하면서 스스로 역량을 키우게 된다.

교육과정 이수체계

태재대학교에서는 학생 모두가 1학년 때 공통으로 혁신기초 교육과정을 이수한다. 대부분의 대학에서는 외국어, 기초과학, 역사, 철학 등 분절된 과목의 기초를 교양으로 가르치지만 태재대학교에서는 6대 핵심역량을 중심으로 새롭게 디자인한 교과목을 이수한다(표 1 참고). 학생들은 졸업 후 각 분야의 전문가로 활동하는 상황에서 자신의 분야에 국한되지 않는 문제에 지속적으로 직면할 것이다. 이때 학생들은 비판적 사고, 창의적 사고, 자기주도 학습을 비롯한 핵심역량을 활용하여 사회적 합의와 해결 방안을 이끌어 낼 수 있어야 한다. 따라서 혁신기초 교육에서는 텍스트화된 지식을 각 단원별로 다루지는 않는다. 융합적으로 설계된 교육과정을 바탕으로 학생이 스스로 사고하고 실천하는 힘, 즉 생각하는 근육을 키우는

핵심역량	교과목 명
비판적 사고	Critical and Rational Thinking
	Data Analysis and Storytelling
창의적 사고	Creative Problem Solving
	Judgment and Decision Making
자기주도 학습	Empowered Learning
소통과 협업	Rhetoric and Persuasion
	Leadership and Collaboration
다양성과 공감	Diversity, Empathy, and Global Citizenship
	Navigating Social Systems
글로벌 화합과 지속가능성	Sustainability and Equity

표 1 – 핵심역량을 키우는 1학년 혁신기초학부의 교과목

것을 목표로 한다. 학생들이 1학년 혁신기초 과정에서 수강하는 교과목은 표 1과 같이 핵심역량과 연계되어 있다.

1학년 이후의 교육은 크게 전공기초, 전공선택, 그리고 캡스톤 프로그램으로 구분된다. 전공기초는 인문사회, 자연과학, 데이터과학과 인공지능, 그리고 비즈니스혁신에서 각각 지정한 네 과목이 공통으로 제공된다. 이를 통해 학생은 다양한 전공 영역을 탐색하고 향후 자신의 관심사와 지도교수와의 컨설팅에 따라 융합 전공에 대한 계

획을 수립할 수 있다. 심화된 학습내용에 따라 현대 사회의 복잡성과 상호의존성을 이해하고, 다양한 지식과 기술을 융합하여 창의적인 사고로 혁신적인 해결책을 도출하는 능력을 기른다. 캡스톤 프로젝트는 졸업작품 준비에 해당한다. 3학년 과정에서는 이를 위해 사전 연구, 기획 및 핵심 아이디어에 대한 가능성을 점검한다. 그리고 4학년 과정에서는 그동안 구상한 프로젝트를 실제 디자인하고 구현하는 캡스톤 프로젝트를 수행한다. 캡스톤 프로젝트에서는 그동안 배운 이론과 방법론을 활용하여 자기주도적으로 사회에 기여하는 솔루션을 결과물로 도출한다.

태재의 핵심역량 중심 교육이 갖는 전체적 흐름을 다시 설명하면 그림 3과 같다. 즉, 첫 번째 단계는 6대 핵심역량에 대해 인지하면서 1학년 혁신기초학부에서 각 역량과 직접적으로 연관된 과목을 수강하게 된다. 두 번째 단계는 기초로 다져진 6대 핵심역량이 나머지 3년간 글로벌 경험학습, 비교과학습, 그리고 캡스톤 프로그램 등의 과정을 거칠 때마다 생성적seminal 기획을 통해 성장하는 과정이다. 개인마다 핵심역량들이 성장하는 속도나 경험하는 내용은 다를 수 있으나, 태재의 교육목표는 모

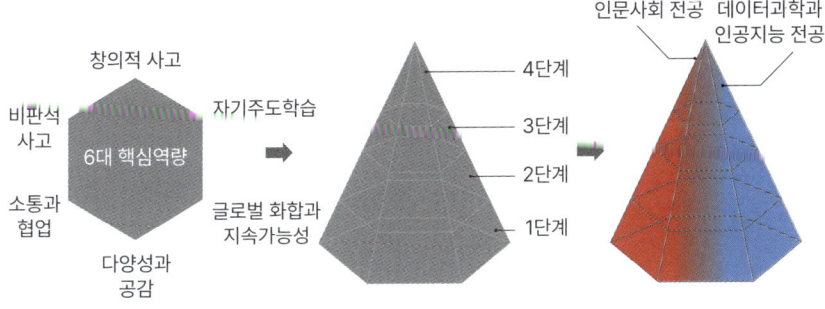

그림 3 – 핵심역량 중심 교육과정의 전체적 흐름

든 학생들을 최종적으로 6대 핵심역량을 완전히 갖춘 육각뿔 형태의 인재로 성장시키는 것이다.

마지막 단계는 전 단계의 육각뿔에 융합 전공의 색깔이 덧입혀진 모습으로, 그림의 경우 인문사회 전공의 빨강과 데이터과학과 인공지능 전공의 파랑이 융합된 것을 의미한다. 모든 학생은 6대 핵심역량을 갖춘 육각뿔의 형태이지만, 개인마다 칠해진 색깔은 다양할 수 있다는 의미이다. 예를 들어 자연과학 전공과 비즈니스혁신 전공을 융합 전공한 학생은 초록과 주황의 조합일 것이고, 자유설계 전공을 한 학생은 세 가지 혹은 네 가지 색이 조화롭게 융합된 결과로 나타날 것이다.

핵심역량 평가:
맞춤형 피드백을 통한 역량계발

태재대학교의 평가는 단순한 지식 암기력 테스트나 일회성 시험점수 매기기가 아니다. 학생 개개인의 성장과정을 다각도로 심층 관찰하고 체계적으로 기록하여 개인별 강점과 보완해야 할 부분을 맞춤형 피드백으로 제공하는 과정이다. 이는 단순히 '잘했는지 못했는지'를 평가하는 것이 아니라 '어떻게 더 성장할 수 있는지'에 대한 구체적인 방향을 제시하는 과정이다. 사실 일반 대학에서는 평가가 그리 어렵지 않다. 예를 들어 경제학원론 수업에서는 이론을 얼마나 정확히 암기했는지 평가하며, 이에 따라 학점을 부여하면 된다. 그러나 이는 실제 문제와 마주했을 때 배운 이론을 적용하여 얼마나 합리적인 의사결정을 내릴 수 있는지를 평가하는 것이 아니다.

국제역량평가회의International Congress on the Assessment Center Method는 "모든 역량평가는 다중 요소로 구성되어 있기에, 이를 위해서는 다수의 평가자가 관찰을 기록해 분류한 후 평가자 간 토론 혹은 통계적 집합을 사용하여 평가결과를 도출해야 한다"고 지적했다. 즉, 역량평가란 학생의 말, 행동과 태도를 다양한 방법으로 관찰 기록하여 성장 정도를 측정하는 과정이 되어야 한다.

예를 들어 비판적 사고력 평가에 있어, 태재대학교에서는 전 교과과정에서의 모든 활동이 "정보를 객관적으로 분석, 종합, 평가하고, 이를 바탕으로 합리적으로 판단하는 역량이 얼마나 성장하였는가"에 초점을 둔다. 더 나아가 교수는 학생의 학습성과가 정보를 수집 및 정리하여 핵심을 파악하는 '이해하기'에 머물고 있는지, 혹은 확장된 사고를 기반으로 논리성을 따질 수 있는 '평가하기'에 도달했는지 등을 구체적으로 분석하게 된다. 전공교육 과정, 순환 도시에서의 경험학습, 그리고 비교과 활동에서도 맥락을 같이한다.

태재대학교에서는 모든 수업이 20명 이하의 소그룹으로 진행되기에 이런 역량평가가 가능하다. 앞서 언급했듯 여러 교수가 학생 개인의 학습결과를 관찰 기록하는 일은 평가의 기본인데, 이는 교수 1인당 학생 수가 적어야 가능하다. 태재대학교에서는 경험학습을 담당하는 창의융합원과 글로벌선도원, 그리고 비교과학습을 담당하는 연구 인력까지 평가에 참여하므로 한 학생을 모니터링하는 교직원의 수는 여타 일반 대학에 비해 월등히 많다.

태재대학교 학생들은 기숙사 공동생활을 하기 때문에 동료가 역량평가의 주체로 포함될 수 있다는 것도 장점이다. 학생들은 C-Token(일명 역량 토큰 Competency Token)을 상호 주고받는 새로운 시스템을 통해, 동료들과 역량 성장 측면에서 피드백을 주고받고 자신의 강점과 약점을 객관적으로 파악할 수 있다. 이는 학생들이 역량 중심 교육과정을 일상생활 속에서 자연스럽게 인식하는 공동체 문화를 형성하는 것으로 이어진다.

결론적으로 역량평가란 "이 학생의 비판적 사고력이 75점"이라고 점수화하는 것이 아니다. 수치화보다 성장의 방향과 수준에 대한 질적 평가가 중심이 된다. 평가는 핵심역량의 단계를 나누어 이를 성장의 지표로 삼고, 학생이 어떤 지식을 배우더라도 이것을 배우는 이유가 무엇인지 성찰할 수 있도록 도와주는 과정이다. 학생들은 매 학기 역량평가를 통해 각자의 성장을 인지할 수 있고, 역량을 어떻게 더 키워야 할지에 대한 계획을 세울 수 있다. 따라서 핵심역량 평가는 전통적인 시험과 달리 피드백 중심이다. 학생들이 수행한 과제, 프로젝트 그리고 발표자료 등을 체계적으로 기록하고 관리하는 포트폴리오를 통해 학습성과는 종합적으로 평가된다.

태재가 지향하는 이러한 다각적인 평가 방식은 학생들의 역량 성장을 더욱 정확하게 그리고 심층적으로 측정해서 개인별 맞춤형 성장을 효과적으로 지원하기 위함이다. 태재대학교의 평가는 단순히 학생들을 줄 세우기 위한 것이 아니라 학생들이 자신의 잠재력을 최대한 발휘하고 미래 사회에 필요한 핵심역량을 갖춘 인재로 성장하도록 돕는 중요한 교육의 과정이다.

교육과정 관리: 지속적인 혁신 추구

모든 대학은 교육성과를 극대화하고 급변하는 사회의 요구를 교육내용에 반영하기 위해 교육과정 관리에 노력을 집중하고 있다. 그러나 통상적인 대학에서 이러한 관리는 내부 의사소통이 어렵고 다양성과 전문성이 존중되어야 하므로 상당히 어려울 수밖에 없다. 새로운 대학문화를 만들고 있는 태재대학교에서는 교육과정 관리를 위해 학생과 교수의 교육과정 평가 결과와 사회 트랜드, 두 가지 측면에서의 변화를 고려하고 있다.

태재의 모든 교원은 학기가 끝난 후, 각 강의자료 lesson plan와 핵심역량의 일치성, 논리적 일관성, 강의 내용, 그리고 과제와 읽기자료에 관해 성찰할 수 있는 설문에 응답한다. 학생과의 상호작용 속에서 새로이 깨닫게 된 인사이트를 기록하고, 이는 다음 교육과정 개발에 반영된다. 학생 역시 학습목표, 난이도, 읽기자료의 분량 및 수준, 그리고 그룹토론 주제의 적절성 등에 대한 교육기획팀과의 심층 인터뷰를 통해 의견을 제시한다. 학생 개인의 입장에서는 자신의 역량이 얼마나 성장했는지 간결하게 모니터링하면서 동시에 개선이 필요한 부분은 즉각 대응할 수 있도록 하기 위함이다.

사회 변화에도 집중해야 한다. 지속해서 변화하는 산업, 비즈니스, 그리고 과학기술 등의 발전은 교육과정에 끊임없이 반영되어야 한다. 시대가 요구하는 전문성이나 인재상에 대한 주요 쟁점을 발굴하면서, 전통적인 학문의 계승보다는 미래 사회를 살아갈 학생들에게 필요한 지식

영역	내용
교육과정 설계	인재상, 교육목표, 핵심역량, 교육과정 간의 유기적 연계성 구축
	핵심역량 루브릭 개발
	역량 중심 교육과정 이수체계 설계
	교과목 개발 및 교과목검토위원회 운영
교육과정 운영	교원연수
	액티브 러닝 등 혁신적 교수학습 방법 적용
	교육과정 운영 가이드북 제공
	역량평가 체제 수립
교육과정 평가 및 개선	학습자 역량 성취도 분석
	교원·학생 인터뷰 및 서베이
	강의계획서 및 강의자료 개선
	CoP 운영

표 2 – 태재대학교의 교육과정 관리: 영역 및 내용

과 능력을 제공할 수 있도록 교육과정을 개선한다. 이를 통해 교육과정의 운영 성과를 점검하여 그 내용을 업데이트하고 있다.

교육과정 관리를 위한 태재대학교의 또 다른 특징 중 하나는 교원들의 CoP Community of Practice 운영이다. 이는 동일한 과목, 혹은 동일 전공 내의 교원 간 미팅을 통해

교육자료 등에 대한 이슈를 공유하는 과정이다. 다음 강의자료에 대한 개선방안도 논의된다. 이러한 과정을 통해 교원은 전체적인 교육과정을 입체적으로 바라볼 수 있게 되며 교수진의 역량 또한 함께 발전한다. CoP는 구성원 간 눈높이를 조율하는 태재의 독특한 문화로, 역량 중심 교육이 더욱 발전하는 토대가 되고 있다. 표 2는 태재의 교육과정 설계에서부터 평가 및 개선까지의 전체 내용을 보여준다.

융합 및 자기설계 전공:
미래 사회에 최적화된 맞춤형 교육

여러 학문 분야에서 영역 간의 경계는 사라지고 있다. 융·복합적인 지식의 중요성은 점점 더 커지고 있는데, 이는 단순히 몇 개 학과를 전공했다고 얻어지는 것이 아니다. 태재가 기대하는 융합은 각각의 요소가 살아있는 샐러드와 같은 단순 배합이 아니라 푹 끓인 야채수프와 같이 하나로 합쳐지는 것이다. 이와 같은 맥락에서 학생은 전공 소속이 따로 없으며, 캡스톤 지도교수도 전공과 관계없이 선택할 수 있도록 하고 있다. 또한 단순 병렬식 수강이 아니라 학제 간 문제 해결형 프로젝트 중심 교과목 개발이 장려된다.

태재대학교는 복수전공과 부전공 제도를 포함한 자기설계 전공을 기본적인 제도로 채택했다. 1학년 공통과정인 혁신기초학부를 마친 후, 2학년 1학기는 일종의 '전공 탐색' 과정이다. 학생은 인문사회, 자연과학, 데이터과학과 인공지능, 그리고 비즈니스혁신 전공 각각에서 제공하는 일종의 탐색과목을 수강한 뒤, 2학년 2학기에 비로소 자신의 전공을 두 가지 이상 선택하게 된다. 탐색과목을 수강하는 과정에서 학생은 자신이 설계하는 삶의 진로와 밀접하게 관련된 학문 분야가 무엇인지 알 수 있고, 더 나아가 어떤 영역에서 융합이 가능한지도 지도교수와 함께 고민해 볼 수 있다.

구체적으로 태재의 복수전공이란 두 전공에서 각각 7과목 이상씩을 수강하는 경우이며, 부전공이란 주전공에서 7과목, 부전공에서 5과목 이상을 수강하는 경우다. 그리고 자기설계 전공이란 세 개 이상의 전공 분야를 융합하여 이수하는 형태를 말한다. 예컨대, 한 학생이 로봇바이오틱스에 관심이 있다면 그 학생은 데이터과학과 인공지능 전공과 자연과학 전공의 생물학 분야를 집중적으로 학습할 수 있다. 그리고 더 나아가 만약 이 분야의 창업을 생각한다면, 비즈니스혁신 전공의 스타트업 관련 분야도 함께 접목할 수 있을 것이다. 이렇게 태재의 전공교육 과정은 어느 하나의 학문 분야를 선택하는 것이 아니다. 태재대 학생은 여러 전공 교수와의 상담을 통해 스스로가 가장 잘하고, 좋아하는 일과 밀접한 학문 분야를 맞춤형 교육의 차원에서 융합적으로 설계할 수 있다.

융합 전공의 결과물은 캡스톤 프로젝트로 만들어진다. 앞서 설명했듯이, 캡스톤 프로젝트는 조직 및 사회에 실질적인 도움이 될 수 있는 솔루션을 '구현_{deliver}'하는 과정이다. 학생은 재학 중 축적한 자신의 학습 성과를 총동원하여 자기주도형으로 프로젝트를 완성하게 된다. 학생은 지도교수 및 동료그룹을 정기적으로 만나 지속적인 토론과 비평을 듣고 기술적인 지원을 받을 수 있으나, 모든 단계에서 프로젝트를 스스로 주도하며 중요한 결정을 내리고 필요한 자원을 투입한다.

캡스톤 프로젝트는 태재대학교의 핵심역량 중심 교육과정에서 가장 중요한 단계다. 역량은 그동안 배운 지식과 기술을 활용하여 도전적인 과제를 해결할 때 심화된다. 또한 배운 것을 다른 상황에도 적용할 수 있는 능력이 확대된다. 캡스톤 프로젝트는 단순히 학업의 마무리가 아닌, 학생들이 사회에 첫발을 내딛는 중요한 디딤돌 역할을 한다. 태재의 교육은 교과교육, 현장실천 과목, 비교과 학습, 그리고 캡스톤 프로젝트 등을 통해 핵심역량이 풍부해지는 기회를 다각도로 제공한다는 점에서 뚜렷한 차별점을 갖고 있다. 이를 통해 태재의 학생들은 미래 사회를 주도하고 긍정적인 변화를 만들어 낼 수 있는 혁신적인 리더로 성장할 것이다.

Chapter 4

태재의 교육방법

곽지영·이지연

곽지영

태재대학교 데이터과학과 인공지능학부장. 포항공과대학교에서 산업공학 (Human-Computer Interaction 분야) 박사학위를 취득하였으며, 삼성전자 상무, 포항공과대학교 산학협력교수 등을 역임하였다.

이지연

태재대학교 교육혁신팀장. 성균관대학교 인공지능융합학과 박사과정 중이며, 한국교육학술정보원 디지털교과서/실감형콘텐츠 연구원 등을 역임하였다.

배경 및 필요성

전통적인 대학교육의 핵심은 교수가 커리큘럼을 정하고 강의를 개설하면 학생들은 강의를 듣고 과제를 수행하며 시험을 치르는 것이다. 교수는 지식의 전달자, 학생은 수동적인 수용자의 역할을 충실히 수행한다. 그리고 교육의 목표는 산업사회에서 요구하는 특정한 지식과 기술을 습득하고, 공장이나 사무실에서 일할 수 있는 인력을 양성하는 것이다. 교육의 내용과 방법은 대체로 표준화되어, 정부나 교육당국이 정한 원칙에 따라 일관되게 운영되고 학력과 학년에 따라 단계적으로 진행된다.

산업사회에서는 학력과 자격증이 사회적 지위와 성공의 척도로 인식되기 때문에, 학생들은 좋은 학교에 진학하고 좋은 성적을 받기 위해 경쟁할 수밖에 없다. 교육은 학생 개개인의 재능과 적성을 발휘하게 하는 것이 아니라, 사회적 기준에 맞추어진 다수 인력을 양산하는 데 주된 목적이 있기에, 경쟁과 서열화가 지나치게 강조되었다. 그 결과, 전통적인 교육환경에서는 학생들의 개성과 창의성 향상을 기대하기는 어렵다.

대량생산을 위한 공장 시스템처럼 돌아가는 교육에서 창의적 문제해결 능력과 같은 미래대응 역량을 키우는 데는 당연히 한계가 있다. 이미 대학에서 전공교육을 마치고 기업에 입사하는 신입사원들의 경우, 학부의 전공교육만으로는 '전문인력'으로 인정받지 못한다. 석사 혹은 박사급의 학력을 가진 경우에만 전문성을 가진 것으로 인정하는 것이 일반적이다. 그러나 이 차이를 학부 수준에서 습득한 특정분야의 전공지식이 부족해서라고 단정하기는 어렵다. 오히려 배운 내용을 현실문제에 응용하는 실전경험의 유무가 더 결정적 차이라고 믿어진다.

미래 사회는 기술, 경제, 사회, 환경, 정치 등 다양한 분야에서 빠른 변화와 혁신이 일어날 것이다. 이러한 변화는 새로운 기회와 가능성을 제공하지만, 동시에 불확실성과 위험도 증가시킨다. 예를 들어 인공지능, 빅데이터, 블록체인 등의 기술은 새로운 산업과 일자리를 창출하고, 교육, 금융, 의료 등의 분야에서 효율성과 편리성을 높여

준다. 그러나 일자리 감소, 고용불안, 사생활 침해, 해킹, 사회적 갈등 등의 부작용도 일으킬 것이다. 뿐만 아니라 기후변화, 자원부족, 환경오염, 전염병 등의 문제는 미래 사회의 안전과 지속가능성에 심각한 도전을 제기할 것으로 전망된다.

따라서 미래 사회에서 생존하고 성장하기 위해서는 기존의 정형화된 패턴과 규칙에 얽매이지 않고, 새로운 상황과 문제에 적응하고 협력하며, 변화와 흐름을 미리 내다볼 수 있어야 한다. 그리고 비판적 사고를 통해 문제의 핵심을 파악하며, 다양한 기술과 방법론을 조합하여 창의적으로 해결해 나가는 능력을 갖추어야 한다.

태재 교육의 원칙과 철학

태재대학교는 인류 화합과 디지털 문명사회를 주도할 리더를 양성하고, 세계적인 수준의 교육 플랫폼을 구축해서 미래 교육의 비전을 제시하려는 목표로 설립되었다. 태재의 교육은 과목별 전공지식의 습득보다는 다양한 분야 지식의 융합적 응용 및 문제해결 능력을 중요시하며, 지식과 경험이 직접 연계되는 학습체계, 즉 교과교육과 경험이 융합된 구조를 지향한다.

이러한 토대 위에 태재의 교육방법은 다음과 같은 두 가지 대원칙에 따라 설계되었다.

첫째, 태재 6대 핵심역량에 바탕을 둔 융합적 교과과정을 통해 미래 사회가 필요로 하는 지적 역량 future skills과 암묵지 근력 mental muscles for tacit knowledge 을 키운다.

불확실성과 복잡성이 더욱 심화될 미래에는 교과서에 있는 지식을 습득하고 정해진 답을 찾는 능력만으로는 생존하기가 어렵다. 특히 데이터와 알고리즘으로 표현 가능한 명시적인 지식과 과업들은 대부분 인공지능과 자동화로 대체될 것이다. 미래 인재는 창의성, 정서적 역량, 판단력과 같이 경험을 통해 습득해야 하는 고도의 암묵지 역량을 지녀야 한다. 새로운 지식을 창출하고 복잡한 문제를 해결하고 다른 사람과 협력하여 새로운 가치를 창출해 내는 능력이 필요하다.

또한 미래 사회에서는 특정 분야의 지식만으로는 해결이 어려운 보다 복잡하고 다양화된 문제들이 발생할 것이다. 개개인이 스스로 다양한 분야의 지식을 습득하는 것은 물론 중요하지만, 이와 더불어 공동의 목표를 위해 다른 사람들과 협력하고 소통하며 여러 분야의 지식을 융합하는 능력도 필요하다. 미래 사회에 새로운 가치를 창출하기 위해서는 이러한 암묵지 역량이 요구되는데, 이는 특정 분야의 지식이나 기술습득 위주의 교육으로는 키워낼 수 없다. 이것이 태재대학교가 6대 핵심역량에 기반한 융합적 교과목을 통한 암묵지 근력 강화를 교육설계의 가장 중요한 원칙으로 꼽는 이유이다.

둘째, 디자인적 사고에 바탕을 둔 실전 프로젝트 중심의 경험학습을 통해 창의적인 문제해결 역량을 계발한다.

디자인적 사고란 사용자의 관점에서 문제를 정의하고 공감하는 일이다. 시제품을 만들어 테스트하고, 피드백을 반영하여 개선하는 창의적이며 혁신적인 문제해결 방법론이다. 경험학습은 학생들이 실제 문제를 해결하기 위해 프로젝트를 수행하면서 자신의 경험을 통해 학습하는 교육방식이다.

이러한 프로젝트 중심의 경험학습에서 학생들은 지식을 습득하는 데에만 머물지 않는다. 배운 지식을 적용하여 스스로 문제를 해결하고, 그 과정에서 협동과 의사소통을 배우고, 자기주도적으로 학습하는 능력을 향상시킨다. 자신의 관심 분야와 연관된 실제 문제에 대해 탐구하고, 적절한 도구와 자료를 활용하며, 다양한 관점을 고려해 협력적으로 작업하는 과정이다. 이를 지속하면서 완성도 높은 결과물을 얻어 내는 능력을 키울 수 있다. 이는 학습에 대한 동기부여와 참여도, 만족도를 높이는 효과가 있으며, 학생 스스로가 자신의 잠재력과 창의성을 발휘할 수 있게 돕는다.

디자인적 사고에 기반한 실전 프로젝트 중심의 경험학습은 다음과 같은 장점을 갖는다.

- 사용자의 니즈와 상황에 대한 깊은 이해와 통찰을 바탕으로 문제의 본질을 명확하게 정의할 수 있다. 이를 통해 문제해결의 방향과 목표를 설정하고, 적절한 해결책을 찾을 수 있게 돕는다.
- 다양한 아이디어를 생각하고 선별해서 이를 구현할 수 있다. 이를 통해 창의적인 사고를 발달시키고, 실제로 적용하며 검증할 수 있다.
- 프로토타입을 테스트하고 피드백을 반영하여 개선하

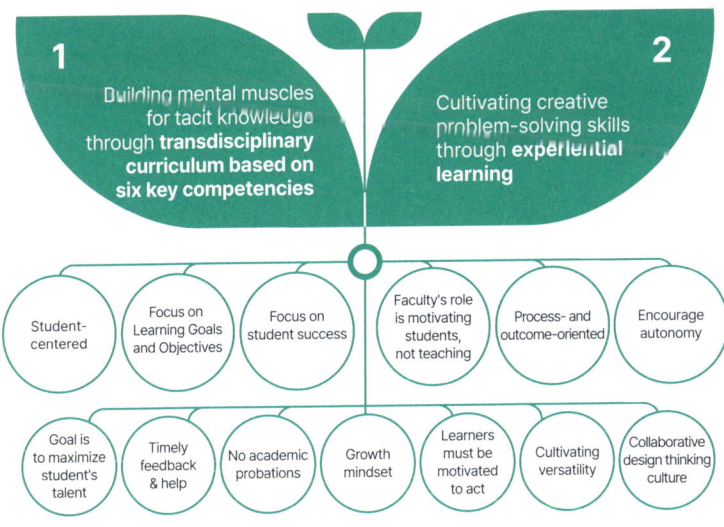

그림 4 – 태재 교육의 원칙과 철학

는 과정을 통해 사용자의 만족도를 높이면서 문제해결의 효과를 측정하거나 지속적 개선이 가능하다.

• 실전 프로젝트를 통해 교과서 속 지식에 머물지 않고 직접 경험하며 개념화해서 이를 적용하는 암묵지를 개발할 수 있다. 이를 통해 학습의 효과를 높이고 살아있는 지식과 기술의 습득을 통해 성장할 수 있게 된다.

태재 교육의 특징

교과학습과 경험학습이 연계된 '양날개형' 교육

태재의 교육과정은 4개 전공영역에서 제공하는 교과과정 학습과 실전 중심의 경험학습이 서로 밀접하게 연계된 '양날개형'의 구조를 갖는다. 학생들은 수업에 참여하여 혁신기초 및 전공과 관련된 교과과정을 이수하는 동시에, 각 국가별로 특성화된 글로벌 현장학습 Global Engagement Program 및 다양한 비교과 프로그램을 수행하게 된다. 이들은 상호 밀접하게 연계되어 대학의 교육목표인 6대 역량이 균형 있게 형성되도록 지원한다. 또한, 교육과정에서 학습된 결과물들은 캡스톤 프로젝트를 통해 집대성된다(그림 5 참조).

(1) 전공교육과 도시문제 해결 프로젝트의 연계

예를 들어 데이터과학 전공 학습과정에서 지역별로 특화된 도시문제 해결 프로젝트 Civic Project를 접목할 경우, 전공 수업을 통해 학습한 내용을 실제 문제에 응용해 볼

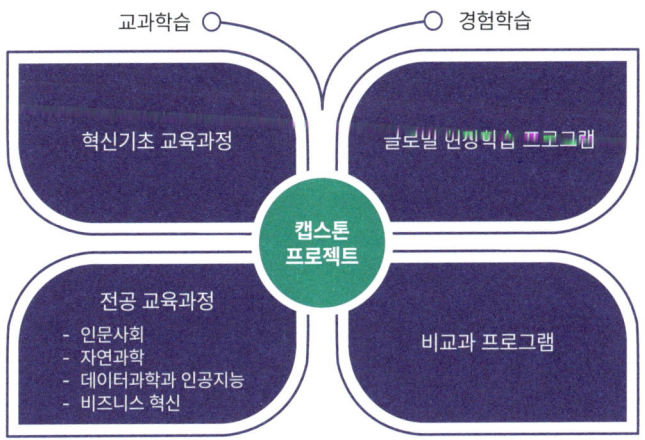

그림 5 – 교과학습과 실전 경험학습이 연계된 '양날개형' 교육과정

수 있는 기회를 제공한다. 또한 여러 국가의 도시 데이터에 대한 분석과 해석을 통해 글로벌한 안목과 실전 역량에 초점을 둔 실효성 높은 학습도 가능하다.

(2) 전공교육과 비교과 프로그램의 연계

학생성공, 지속가능성, 공동체정신 함양을 지원하는 비교과 학습과정을 인문사회 분야 교과와 연계함으로써 실천적 사례를 통해 학습내용을 강화할 수 있다. 글로벌 캠퍼스에서의 기숙사 공동체생활 속에서 글로벌 시민의식을 자연스럽게 체화할 수 있게 된다.

(3) 전공교육과 스터디 투어의 연계

비즈니스혁신 과목을 수강하는 학생들에게 실리콘밸리 스터디 투어는 수업에서 배운 창업정신의 직접적인 체감 기회를 제공하며, 글로벌 캠퍼스 생활을 통해 동서양의 문화적 장점을 경영에 창의적으로 결합하는 전략적 경영능력도 키울 수 있다.

(4) 캡스톤 프로젝트를 통한 교육과정의 완성

태재의 모든 학생들은 졸업 시 스스로가 주도하는 캡스톤 프로젝트를 수행하게 된다. 이는 교과과정은 물론 지역별 경험학습과 비교과학습이 모두 연계되는 구조로, 재학 중의 모든 학습이 누적되어 집대성되는 결실이다. 3학년 1학기부터 기초조사 discover, 문제 정의 define, 해결안 도출 design, 개발 develop, 적용 및 배포 deploy and deliver 의 진행과정을 단계별로 수행한다. 이를 통해 스스로 창의력을 발휘하고, 복잡한 문제를 체계적으로 공략하며, 완성도 높은 솔루션을 개발하는 과정을 학습하게 된다. 개인별 목표를 스스로 설정하고 달성해 나감으로써 성과창출 습관과 자기효능감 향상도 기대할 수 있다.

m자형 인재 양성을 위한 역량 중심의 초분과적 교육

태재는 전공분야에 특화된 전문가 specialist 보나는 내낳 면에 걸친 재능과 능력 multipotentiality 을 토대로 창의적, 융합적 문제해결 역량을 가진 π자형 혹은 m자형 comb-shaped 인재상을 추구한다. 역량 중심으로 설계된 융합교육은 다양한 학문 분야의 지식과 기술을 통합하고 현실 세계의 문제를 해결하는 데 필요한 역량을 발전시키는 방식이다. 이를 통해 학생들은 지속가능한 발전과 지역사회의 복지에 기여할 수 있는 시민, 그리고 변화에 대응할 수 있는 역량 있는 리더로 성장할 수 있다.

일반 대학에서는 학생이 특정 학부 내에서 세부전공을 선택하는 방식이지만, 태재대에서는 4개의 전공영역 중 2개 이상의 전공분야에 걸쳐 복수전공, 주전공과 부전공, 혹은 자기설계 전공을 학생 주도로 택할 수 있다. 비유하자면, 다음 페이지의 그림 6과 같이 4개의 전공영역은 각 색의 물감 튜브에 해당하고, 학생들은 이를 혼합하여 본인의 전공이라는 작품을 완성하게 되는 것이다.

모든 학생은 자신의 희망 진로와 관심에 따라 교육과

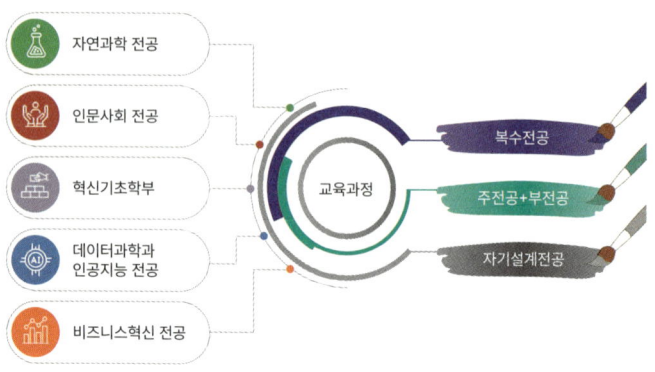

그림 6 - 태재대학교의 전공교육 과정 설계

정을 스스로 설계해 나간다. 물론 관심 분야별 전공 지도 교수의 조언과 지도를 받을 수 있다. 학생이 희망할 경우 학생 한 사람의 교육과정 설계를 위해 태재의 모든 전공 지도교수들이 함께 참여할 수도 있다. 모든 학생은 전공 선택 시점에 4학년 졸업 시까지의 교과이수 계획을 스스로 설계한 커리큘럼 로드맵을 갖게 된다.

인류공영과 지속가능성을 추구하는 가치 기반 교육

태재대학교가 지향하는 가치 기반 교육은 학생들에게 인간적 가치를 가르치고 이를 실천하도록 돕는 것이다. 인간적 가치란 공감, 배려, 정의, 성실, 조화, 신뢰, 정직 등이다. 우리가 존재하는 이유, 우리는 무엇을 위해 행동하는지 그리고 우리가 어떻게 다른 사람들과 관계를 맺는지에 대한 기준으로 정의된다.

태재는 인간적 가치를 학교의 모든 활동에 적용하여 학생들이 사회와 환경에 대한 책임감을 갖도록 한다. 단순히 지식을 암기하는 것이 아니라, 지식을 의미 있게 활용하고 자신의 삶에 적용하고 세상을 바꾸는 데 도움이 되는 것으로 인식하게 한다. 자신의 잠재력을 최대한 발휘하여 행복하고 성공적인 삶을 살 수 있게 한다. 그리고 기술이나 비즈니스에만 함몰되지 않고 폭넓은 안목으로 세상을 바라볼 수 있게 한다. 가치 기반 교육은 학생 개인의 영달보다는 인류공영 및 지속가능에 헌신할 인재를 양성한다는 대학 설립 이념을 실천하기 위함이다.

학생 중심의 액티브 러닝 학습

태재의 모든 교육과정은 교수가 아닌 학생을 중심으로 기획, 설계, 개발, 운영되고, 개인의 학습 특성과 성공 전략을 중심으로 하는 밀착형 교육을 실천한다. 교수는 학생 개개인의 전공 설계 및 과목 선택, 진로 탐색 및 설계, 캡스톤 프로젝트 연구 등 재학 중 학습환경 전반에 걸쳐 슈퍼바이저 supervisor 로서의 역할을 담당한다. 교수가 가르치는 사람이 아니라 촉진자 facilitator 라는 점은 교수 채용과정이나 연수 등에서도 지속적으로 강조되는 부분이다. 이는 태재 교육의 가장 큰 차별점이다.

전공 설계는 학생의 희망에 따라 한 명 이상의 지도교수를 선택할 수 있다. 전공 초기에는 주로 교과과정 설계에 관련된 논의가 주를 이룬다. 고학년으로 갈수록 학생의 진로탐색 멘토링으로 자연스럽게 발전하게 되며, 교수와 학생 간의 상호작용은 졸업 후에도 지속되어 학생의 성장을 돕는다.

실제 수업 진행도 대형 강의실에서의 집단강의 방식이 아닌 소규모 그룹토론 방식의 액티브 러닝 형식으로 진행된다는 점이 태재의 특징이다. 액티브 러닝은 수업 전에 교수가 제시한 학습목표에 따라 자료와 영상 등을 활용하여 학생이 스스로 사전학습을 하는 것으로 시작한다. 수업은 간단한 퀴즈 등을 통해 사전학습 내용을 확인한 후, 사전 설계된 강의자료에 따라 교수와 학생이 서로 상호작용하며 지식을 습득하는 과정이다. 강의 마무리 단계에는 교수자가 한 번 더 수업 내용을 요약 정리해 줌으로써 당초의 학습목표가 달성되었는지 확인할 수 있다. 그리고 수업 후에는 소규모 그룹활동을 통해 학습내용을 자연스럽게 기억에서 불러내어 견고화시키는 retrieve & articulate 과정을 시행한다. 이 단계에서는 독서 post-reading 와 다양한 영상 미디어 등을 활용하여 학습한 내용이 체계화, 내재화될 수 있게 지원한다. 교수의 일방적인 지식 전달이 아니라 학생이 주도적, 적극적으로 참여하는 액티브 러닝 수업 방식은 학생 개개인에 대한 맞춤형 교육을 위한 태재의 전략적 선택이다.

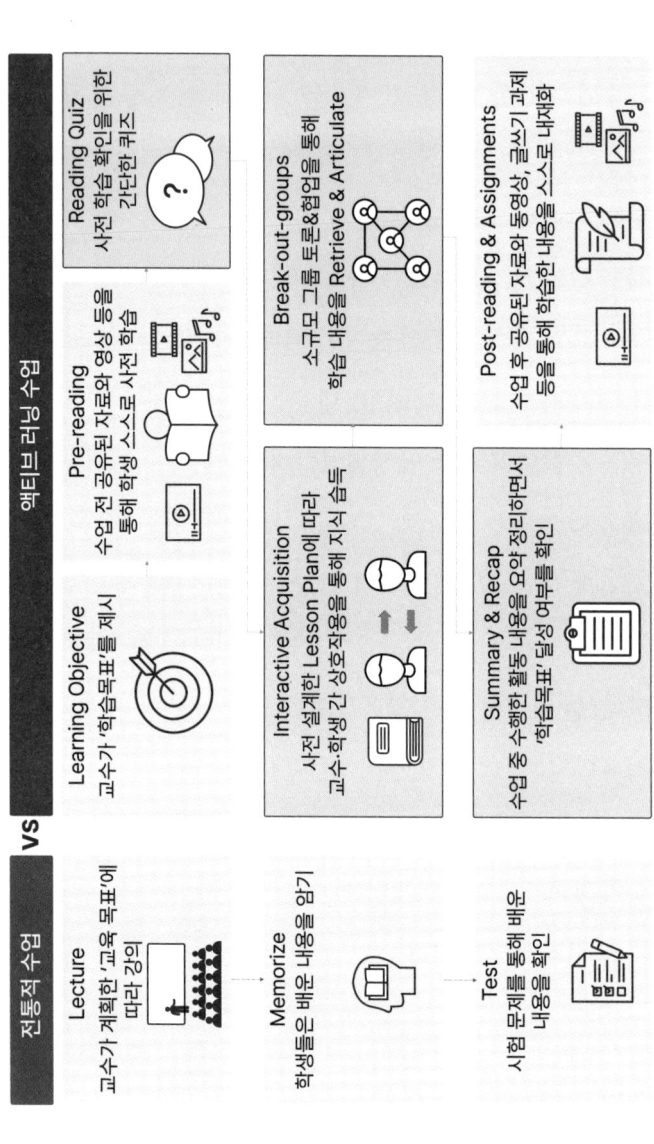

그림 7 – 전통적인 강의 위주의 수업과 태재의 액티브 러닝 수업

액티브 러닝 수업 모형과
데이터 기반 학습 플랫폼

3단계 수업 모형

앞서 언급한 바와 같이 태재대학교의 교육은 일방향적인 지식 전달 및 암기 중심의 학습이 아닌, 학생들의 실제 삶과 연결되어 실천하고 활용할 수 있는 능동학습으로 실현된다. 이는 학생이 자신의 학습과정에 적극적으로 참여해서 배운 내용으로부터 자기주도적으로 의미를 발견하는 과정이다. 그리고 학습한 내용을 실생활에 실천 및 적용하는 것을 의미한다. 따라서 능동학습은 미래 사회에서 학생들이 마주할 문제들에 대해 비판적이며 창의적인 해결방안을 도출하기 위한 필수적인 학습방법이다.

전통적인 수업에서는 교수가 다수의 학생들에게 지식을 전달하는 일방향 구조이며, 학생들은 주로 수업시간 동안 교수가 전달하는 정보를 그대로 수용하는 데 집중한다. 그리고 수업 후에는 과제 등을 통해 배운 내용을 얼마나 많이 기억하고 있는지를 확인함으로써 학습결과를 확인한다. 대부분 학생들의 학습활동은 교수가 제시하는 정보의 수용 input 이 80%, 그리고 학습한 내용을 확인하는 인출 retrieval 이 20%로 구성된다.

이러한 구조에서 학생들은 교수가 제공하는 지식 체계를 습득하고 이를 재구조화하는 등의 학습 성과를 보일 수는 있지만, 현실에서 마주하는 어려운 상황이나 문제를 해결하는 데는 한계가 있다. 수동적이고 일방향적인 프로세스를 통한 학습은 기존의 문제에 대한 해답을 찾는 데 유용하다. 그러나 한 번도 정의되지 않은 문제를 스스로 발견하거나, 세상에 아직 존재하지 않는 지식을 능동적으로 구성하기는 어렵다. 학습하는 방법의 근본적인 변화가 필요한 것은 자명하다.

태재대학교의 모든 수업에는 학습과학의 원리에 기반한 액티브 러닝 active learning 방식이 적용된다. 이는 학생이 수업에 능동적으로 참여하고 학습과정을 주도하는 교육으로, 수업에서 학생들은 목표를 달성하기 위해 정보 information 와 기술 skills 를 '활용'한다. 즉, 태재 액티브 러닝은 '활용을 통한 학습'에 초점을 맞춘다.

액티브 러닝 수업에서 학생은 수동적으로 지식을 습득

하는 것이 아니라 자신의 경험과 선수 지식 prior knowledge 을 바탕으로 새로운 지식을 구성하는 능동적인 존재다. 학생들은 적극적으로 수업에 참여함으로써 학습내용을 자신의 경험과 연결시키고, 이를 통해 보다 깊이 있는 이해에 도달한다. 학생은 수업의 주체가 된다.

태재대학교의 수업은 학생들이 학습내용(지식)의 실천적 활용을 극대화하면서 동시에 자기주도성을 자극하기 위해 설계되었다. 교수와 동료 학생들과 함께하는 수업 시간 동안 지식을 활용하고 실천하는 '학습활동'에 집중하고, 수업에 참여하기 전과 후에는 자신만의 속도와 방식으로 지식을 습득하고 내면화하는 과정을 거친다. 이것은 일종의 플립드 러닝 flipped learning 구조이며, 태재는 이를 '3단계 수업 모형'이라 부른다.

3단계는 ① 사전학습 pre-class activities, ② 액티브 러닝 수업활동 in-class activities, 그리고 ③ 사후학습 post-class activities 으로 구분된다. 각 활동은 수업에서 달성해야 할 학습목표와 체계적으로 연계되어 사전에 설계되며, 학습과정 전반에 걸쳐 교수 및 동료 학생들과 피드백을 주고받으면서 스스로를 돌아보고 점검하는 성찰 과정을 거친다. 수업

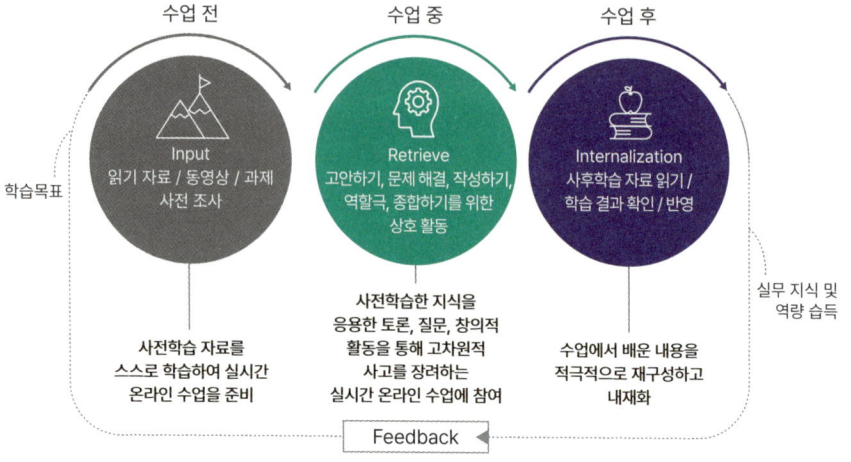

그림 8 – 태재대학교 3단계 수업 모형

이 진행되는 동안 이 과정을 반복 실행하면서 결과적으로 수업 목표인 실천적 지식과 역량을 습득한다.

   사전학습은 수업 전에 학습내용에 대한 기본 개념과 배경지식, 기술 등을 습득함으로써 수업시간에 더 깊은 수준의 액티브 러닝 활동에 참여할 준비를 하는 단계이다. 제시되는 사전학습 자료는 학생들이 수업을 이해하는 데 필요한 제반 정보를 미리 제공한다. 그 결과 학생들은 실시간으로 이루어지는 수업시간에 다루는 더 복잡한 개념의 탐구와 토론, 질의응답 등에 집중할 수 있다.

사전학습 자료에는 전통적 매체인 도서를 비롯하여 다양한 형식과 출처의 읽기 자료가 포함되며, 영화나 동영상 클립, 혹은 인터랙티브 콘텐츠와 같은 디지털 자료들도 있다. 이때 학생들은 학습목표와 사전학습 자료를 연결하여 스스로 탐색하고 이해하는 과정을 거친다. 그리고 수업에서 함께 논의할 내용이 무엇인지 사전에 생각을 구체화하고 이를 수업시간에 인출 retrieval 할 준비가 되어 있어야 한다. 한편, 교수는 사전학습을 위해 적절하고 접근가능한 학습 자료를 제공하며, 구체적 안내를 통해 사전학습과 수업활동이 잘 연계될 수 있도록 설명한다.

중요한 개념 및 내용을 스스로 학습한 학생들은 액티브 러닝 수업 in-class 에 참여한다. 수업은 교수 및 동료 학생들과의 상호작용과 협업, 피드백을 통한 학생 주도 과정이다. 일부 강의를 제외하면 대부분의 학습시간 동안 학생들은 소그룹 활동을 통해 특정한 주제에 대해 토론을 하거나, 자신의 생각을 글이나 디지털 화이트보드 digital white board 에 그림을 그려 표현한다. 모든 활동은 학습목표 달성이라는 목표에 초점을 맞추어 교수진 및 내용 전문가 subject matter expert 에 의해 사전에 설계 및 검토되며,

구분	전통적 수업	액티브 러닝 수업
수업의 목표	지식 전달과 이해	학습목표 달성
수업 방식	학습내용 설명 중심 (교수 → 학생)	학생의 참여 중심 (교수 ↔ 학생, 학생 ↔ 학생)
교수의 역할	강의 및 지식 전달	가이드, 촉진자
학생의 역할	듣고 기록하는 역할	팀 활동, 토론, 협력 등 상호작용
평가 방식	시험과 과제	창작하기(영화, 팟캐스트 등), 비판적 글쓰기, 팀 프로젝트 등
학습 환경	교수 중심의 수동적 구조	유연하고 변화무쌍한 구조

표 3 – 전통적 수업과 액티브 러닝 수업

교수는 촉진자로서 학생들의 사고력을 자극하는 질문을 던지고 참여를 촉진하는 역할을 한다.

액티브 러닝 수업활동의 특징을 전통적인 그것과 비교하면 표 3과 같다. 우선 수업의 목표를 비교해 보면, 전통적인 수업이 지식의 전달과 이해라면, 태재대학교 액티브 러닝 수업은 학습목표를 달성하는 것이다. 실제로 무엇을 할 수 있는지를 기술한 학습목표는 관찰observe과 측정measure이 가능한 것이다. 해당 수업을 마친 후 학생들이 직접 수행할 수 있어야 하기 때문에 수업은 학생의 참여 중심으로 진행된다.

액티브 러닝 수업에서 교수는 강의를 최소한으로 축소하고 학생들의 학습활동 참여를 안내하고 촉진하는 가이드 또는 촉진자 facilitator의 역할을 수행한다. 교수는 개별 학생의 학습 속도 및 특성에 따라 다양한 전략을 통해 모든 학생이 활동에 참여할 수 있도록 독려한다. 학생들은 적극적인 참여자로서 팀 활동, 토론, 협력 등 교수 및 동료들과 능동적인 상호작용을 하게 된다. 사전학습을 통해 배운 지식과 개념을 적극적으로 활동에 적용하여 학습한 내용을 인출하고 정교화시키는 과정을 거친다.

평가 방식에도 큰 차이가 있다. 전통적인 방식은 습득한 지식을 얼마나 많이 기억하고 있는지 시험을 통해 측정하고, 배운 내용을 종합하여 정리하기 위해 과제물을 활용한다. 그러나 액티브 러닝의 평가는 주로 창의적으로 기획하고 창조하는 활동을 포함하여, 자신의 생각을 비판적으로 표현하는 글쓰기, 협력하여 수행하는 팀 프로젝트 등을 통해 이루어진다.

액티브 러닝에서 학생들의 활동은 대략 사전학습 self-input이 25%, 교수 및 동료 학생들과 함께 상호작용하며 습득한 정보나 기술을 적용하고 활용하는 인출 retrieval이

50%, 그리고 수업 후 학습한 내용과 학습과정을 성찰하고 스스로 지식을 재구조화하는 내면화 internalization 과정을 25%로 볼 수 있다. 학생들은 이 과정을 지속적으로 훈련해서 졸업할 시기에는 스스로 정보를 습득하고 내면화하여 자신만의 결과물을 만들어 내는 역량이 현저히 높아진다.

혁신기초학부(1학년) 과정은 태재대학교 수업구조에 익숙해지기 위한 기초훈련 과정이다. 즉, 학습하는 전략과 방법을 익히는 시기라고 볼 수 있다. 기초적인 사고력과 역량을 포함하여 읽기, 쓰기, 토론하기, 능동적으로 참여하기 등 기초체력을 집중적으로 연마하게 된다. 이를 통해 내면의 힘을 기르고 자신만의 전문분야를 갈고닦기 위한 준비를 한다. 전공 과정에서는 수업구조의 다변화가 이루어진다. 학생들은 기초체력을 바탕으로 전공 특성에 맞게 특화된 액티브 러닝 방식으로 전공분야를 학습한다. 전공기초/심화를 토대로 프로젝트를 통한 문제해결 과정에서 지식의 실천적 활용을 위한 단계적 성장을 이루게 된다.

디지털 학습 플랫폼

태재대학교에서는 학생들에게 다양한 물감을 제공하고 이 물감들을 자신만의 색으로 조합하면서 전문분야를 찾아낼 수 있는 융합교육을 제공하고 있다. 여기에 더해지는 글로벌 경험학습은 도쿄, 샌프란시스코, 뉴욕, 선전, 상트페테르부르크, 베이징 등 전 세계의 주요 도시에 거주하며 다양한 문화를 경험하고 실제 문제를 해결하는 실천 기반 학습과정이다. 이러한 교육의 두 축이 원활하게 움직이기 위해서는 디지털 교육환경이라는 톱니바퀴가 매우 중요하다. 세계 여러 나라에 체류하며 수업을 수강해야 하기 때문에 어디에서나 연결되고 학습할 수 있는 디지털 교육환경은 필수적이다. 이를 이용하면 다양한 디지털 도구를 유연하게 활용하여 풍부한 학습경험을 이끌어 낼 수 있으며, 학생들의 몰입도와 흥미도 높일 수 있다.

디지털 온라인 수업은 동시성을 기준으로 실시간 온라인 수업 synchronous online class과 비실시간 온라인 수업 asynchronous online class의 두 가지 방식으로 구분할 수 있다. 실시간은 교수 및 학생 모두가 동시에 수업 플랫폼에

접속하여 상호작용하는 것을 의미한다. 인터넷과 노트북만 있으면 어디에서도 접속할 수 있기 때문에 공간의 제약은 없으나 시간의 제약은 있다. 태재대학교의 모든 수업은 100% 실시간 온라인 수업으로 이루어지며, 전 세계 여러 도시에 체류하는 학생들의 학습에 디지털 플랫폼이 유연하게 뒷받침해 주고 있다.

비실시간 온라인 수업은 학생들이 언제 어디에서나 접근할 수 있는 형태로 제공된다. 주로 동영상 녹화 강의로 제공되는 온라인 수업인데 학생들은 콘텐츠를 자신만의 속도와 선호하는 방식(자막을 켜서 텍스트로 학습하기 등)을 유연하게 선택/조정하여 학습할 수 있다. 태재대학교에서는 실시간 수업이 끝난 후 수업 영상을 학생들이 접근할 수 있도록 제공하고 있으며, 학생들은 자신의 방식으로 학습내용을 다시 공부할 수 있다.

실시간과 비실시간 온라인 수업 모두에서 가장 중요한 것은 학습경험 learning experience 이다. 학습경험은 인지적이고 정서적인 경험 모두를 포괄한다. 인게이지리 Engageli 는 온라인 강의 플랫폼으로, 수업에서의 학습경험을 더욱 풍부하게 하는 다양한 상호작용 기능을 포함하고 있다.

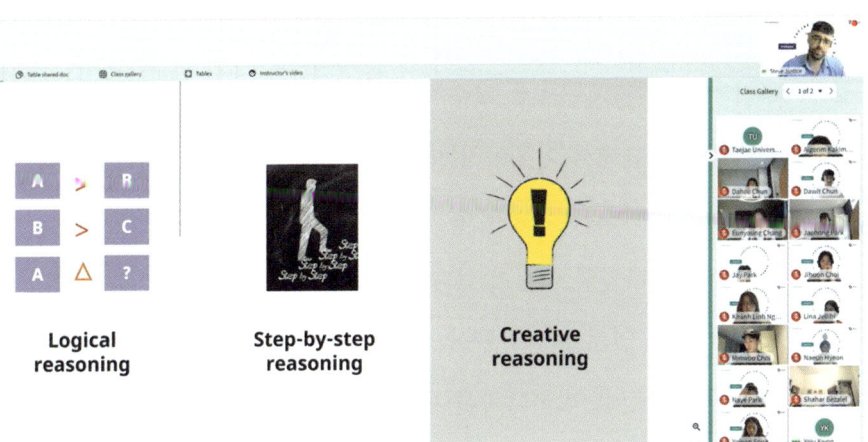

인게이지리 수업 화면

기존 대학에서 온라인 강의에 사용하는 줌^{Zoom}이나 웹엑스^{Webex} 등과 같은 화상회의 소프트웨어와 달리 인게이지리는 온라인에서 액티브 러닝과 같은 학습자 활동 중심의 교수학습 방법을 적용하는 상황을 반영한다. 태재대학교는 실시간 온라인 수업 플랫폼으로 인게이지리를 이용하여 교수학습 환경과 상호작용을 지원한다.

인게이지리 플랫폼에서 교수는 실제 교실에서와 같이 칠판 또는 빔프로젝터에 강의자료나 동영상을 띄우고 학생들과 수업을 하다가, 필요에 따라서는 테이블 모드로 학생들을 배치하여 팀 활동을 할 수 있다. 학생들도 공유 문서에 아이디어를 브레인스토밍하거나 칠판에 그림을 그리거나 혹은 채팅으로 교수에게 질문을 남길 수 있다. 물리적인 공간에서 이루어지는 다양한 액티브 러닝 학습 활동을 온라인에서 진행할 수 있도록 고안된 학습환경은 학생들에게 다양한 이점이 있다.

예를 들어 인게이지리에서는 수업에 참여하는 모든 사람의 발언시간을 데이터화하여 제공한다. 이를 통해 학생들은 자신이 얼마나 수업활동에 활발히 참여하고 있는지를 성찰해서 보다 적극적인 참여를 고민할 수 있다. 또한 교수는 학생별 발언시간을 확인하여 모두가 골고루 발언 기회를 가질 수 있도록 학생의 특성에 맞는 상호작용 전략을 도입할 수 있다. 아울러 자신의 수업을 분석해서 개선점을 발견할 수 있는 기초 자료로 활용할 수 있다.

인게이지리 외에도 태재대학교에서는 다양한 디지털 콘텐츠와 도구를 활용한 수업을 지원하고 있다. 유데미 Udemy나 코세라 Coursera와 같은 MOOC Massive Online Open Contents를 포함하여 멀티미디어 콘텐츠, 실험 및 실습을 위한 다양한 가상 실험실/시뮬레이터 등을 활용하여 실시간 온라인 수업과 함께 학습 흥미를 자극하고 학습 내용을 더욱 풍부하게 전달하는 기회를 제공하고 있다.

온라인 학습 플랫폼의 가장 큰 장점은 데이터 축적이다. 교수학습 플랫폼에서 축적되는 데이터는 향후 인공지능을 적용한 학습지원 시스템, AI 튜터 등으로 확장될 것이다. 학생들의 발언시간, 손들기 횟수, 과제 제출 여부 등을 분석하여 발전이 필요한 영역을 자동으로 추천해 주는 맞춤형 학습지원 시스템을 제공함으로써 학생 개개인의 성장을 지원할 수 있다. 또한 AI 튜터를 통해 수업 일정을 안내하고, 다음 수업의 학습내용을 준비하거나 교수를 도와 학생들의 학습활동을 보조할 수도 있다. 기술의 유연성과 확장성은 학습경험의 지평을 넓히고 학생의 개별적 요구needs를 충족시킬 것이다.

성장을 위한 평가체계와 맞춤형 피드백을 위한 학습데이터 분석

태재대학교의 학생 중심 교육은 모든 학생들의 고유한 특성과 개성이 성장할 수 있도록 지원하는 것이다. 이러한 교육 철학과 방향은 학습결과를 평가하는 방법에도 적용된다. 태재대의 모든 평가는 학생들이 얼마나 성장했는지에 초점을 맞춘다. 모든 학생들은 성장의 잠재력을 지니고 있으며, 이러한 잠재력을 끌어올리는 것은 대학교육의 책무다.

태재대학교에는 중간고사나 기말고사로 이루어지는 정례적인 평가는 없다. 대신 수업의 모든 과정에서 크고 작은 과제들을 통해 학습목표를 달성했는지 여부를 확인한다. 학습목표를 달성했다는 것은 학생들이 이 수업에서 배운 내용을 실제로 '할 수 있는가'에 초점을 둔다. 이러한 평가는 'Learning Outcome Check'라는 과정을 통해 이루어지며, 학습목표에 따라 한 수업에서 5~7번 실현된다. Learning Outcome Check는 주로 학생들의 사고력 확장을 위한 에세이 작성하기, 프로젝트 기획 등의 활동으로 구성된다.

태재대의 평가 요소 중 또 하나는 '참여'다. 수업은 학생들이 만들어 가는 것이고, 교수는 촉진자로서 학생들의 참여를 촉진하고 호기심과 영감을 불러일으키는 가이드의 역할을 한다. 사전학습을 통해 자신의 생각을 논리적으로 체계화한 뒤, 수업에 적극적으로 참여하여 비판적이고 창의적인 아이디어와 의견을 제시하면 더욱 풍부한 학습이 이루어질 수 있다. 이는 결과적으로 모든 학생에게 도움이 되기 때문에 학생들의 적극적인 참여가 평가에 중요한 요소로 고려된다.

액티브 러닝은 관찰가능하고 측정가능한 학생들의 행동을 기준으로 학습목표가 설정되어 있기 때문에 평가도 행동을 통해 이루어진다. 학생들의 모든 학습과정은 창조하기, 종합하기, 비판적으로 글쓰기, 구조화하기 등 다양한 프로젝트 활동이다. 그 과정에서 교수의 즉각적인 피드백과 모니터링을 통해 성장을 위한 평가가 이루어진다. 학생들이 평가과정 속에서 스스로 지식을 연결 및 종합하고, 배움을 성찰할 수 있도록 도움을 주는 것이 평가의 주된 목적이다.

학습에 대한 평가와 함께 태재대학교에서는 모든 학생의 학습과정도 모니터링된다. 학생들의 수업 참여도와 몰입도는 학습결과에 영향을 미칠 수 있는 중요한 지표로서 데이터 분석을 통한 모니터링을 통해 학습지도 전략과 위험관리를 추진한다.

데이터에 기반한 관리 및 모니터링은 학생뿐만 아니라 교수에게도 적용된다. 학생 강의평가와 더불어 데이터와 자료 등의 근거 evidence 에 기반한 교수 teaching and instruction 평가가 도입되었다. 학습 플랫폼에서 축적되는 데이터와 함께 학습관리시스템 LMS, 강의 동영상 등 다양한 출처를 통해 수집된 자료가 교원 평가에 활용된다. 교차검증으로 타당성을 확보하면서 교육의 품질 관리를 객관적이고 측정가능한 방식으로 진행하기 위한 평가체계를 수립하고 있다.

이러한 교수 평가는 경쟁을 유발하거나 줄 세우기 위한 것이 아니다. 평가결과는 모두가 함께 성장할 수 있는 긍정적이고 명확한 피드백으로 제공된다. "교수가 수업하는 방법과 전략을 연구하고 학습하는 대학"이라는 슬로건은 새로운 교육환경과 전략을 유연하고 적극적으로 수용하면서 자신만의 방식으로 고등교육을 재창조하는 태재대학교의 근본 철학이다.

Chapter 5

글로벌 환경에서의 학습:
생활 통합교육

양정미·김한열

양정미

태재대학교 글로벌선도원장, 자연과학부장. 미국 브라운대학교에서 이학 박사학위를 취득하였으며, 연세대학교 교수를 역임하였다.

김한열

태재대학교 글로벌선도원 기숙사 코디네이터. 한국외국어대학교 국제지역대학원에서 중동/아프리카학 석사학위를 취득하였으며, 미네르바대학교 서울 커뮤니티 매니저를 역임하였다.

최초의 대학이 설립된 이래 과거부터 현대까지 전통적인 대학교육은 정해진 교실에서 학생들이 교수들의 일방적 강의를 듣는 방식으로 이루어졌다. 한편, 최근에 등장한 사이버대학의 교육은 한곳에 모여 있는 교수진이 지역적으로 흩어져 있는 다수의 학생들에게 인터넷을 통해 지식을 전달하는 방식으로 이루어진다. 태재대학교의 교육 시스템은 이런 기존의 대학들과 근본적으로 다르다.

최고의 석학들로 구성된 태재대학교의 교수진은 세계에 흩어져 있으며, 학생들은 정해진 생활공간, 즉 기숙사에 모여 함께 생활하며 학습을 한다. 학생들은 재학 중 세계의 주요 도시들에서 생활하게 되는데, 이를 통해 자연스럽게 동서양의 서로 다른 문화를 경험하게 된다. 서로 다른 국적과 배경을 가진 학생들이 함께 생활하면서 가꾸어 갈 상호 이해와 협력 정신은 대학의 설립 목표인 글로벌 하모니 Global Harmony를 추구하는 인재상에 절대적으로 중요한 부분이다. 기숙사 경험학습은 태재대학교 교육에서 매우 큰 가치를 갖고 있으며, 동시에 태재가 타 대학과 가장 크게 구별되는 점이다.

기숙형 생활학습

21세기 들어 고등교육은 확대일로를 걸으면서 대학의 수나 규모가 크게 증가했다. 동시에 유수 대학들에서는 학생 교육보다 연구에 더 중점을 두면서 학생과 교수의 관계가 단절되었고, 교육이 부실화되었다는 비판이 제기되었다. 이에 미국에서는 하버드대와 예일대가 최초로 학생들이 기숙사에서 공동으로 생활하는 레지덴셜 칼리지 제도를 도입하였고, 한국에서도 연세대, 포항공대 등 여러 학교가 기숙형 공동생활 학습 시스템을 시작하였다.

이러한 시스템은 학생의 학습역량 향상에 도움이 되고, 더불어 소속감, 교우관계, 자기주도성 향상에도 긍정적인 영향을 주는 것으로 알려졌다. 더 나아가 학업, 협업, 전공 및 진로지도, 전인교육 등 다양한 영역에서 효과가 있으며, 사회통합에도 순기능을 발휘하는 것으로 밝혀졌다. 이러한 맥락에서 새로운 고등교육의 모델을 제시하고자 출범한 태재대학교가 기숙형 공동생활 학습 시스템을 기본으로 적용한 것은 어쩌면 당연하다.

태재는 학생들의 대학생활 전 기간 기숙사 공동생활을 의무화한다. 한국은 물론 해외 도시 글로벌 순환캠퍼스에서도 마찬가지다. 태재는 기숙사 공동생활 학습을 통해 모든 학생들에게 서로가 학문적으로나 인간적으로 상호 협력하며 함께 성장하는 동반자임을 인식하게 하려고 한다. 갈등이 발생하면 진솔하게 소통하고, 타인의 생각을 머리가 아닌 가슴으로 이해하며, 다양한 사람들의 다양한 견해에 유연함을 지니는 인재를 양성하려는 것이다. 그리고 기숙형 공동생활 학습은 태재 구성원으로서의 유대감과 소속감, 그리고 자긍심을 길러 줄 것이다.

태재의 기숙형 공동생활 학습은 기존과는 전혀 다른 교육모델을 제공하고 있다. 물론 현 상황에 최적화된 모습으로 운영하고 있으나, 앞으로도 지속적인 평가와 성찰을 통해 진화된 모델로 학생들과 만날 것이다. 그러면 태재의 기숙형 공동생활 학습이 어떻게 적용되고 있는지 실제 사례와 함께, 앞으로 나아갈 길도 살펴보자.

태재의 기숙형 생활학습 현황

태재대학교 학생들은 2025년 현재는 마포구에 있는 '로컬스티치 크리에이터 타운 서교'에서 기숙사 생활을 하고 있지만, 대한민국 최고의 건축가에 의뢰해 새로운 독립 기숙사 건물을 준비하고 있다. 기숙사의 기초 생활 공간은 방(객실)을 비롯해 주방, 회의실, 세탁실, 헬스장 등 각종 공용 공간으로 구성되어 있다. 이 공용 공간에서는 학생들이 행사를 진행하기도 하고, 평소에는 공부를 하거나 식사를 하기도 한다.

학생들은 서로 수업 때만 잠깐 얼굴 보는 제한적인 관계에 머무르는 것이 아니라, 같은 시공간을 공유하며 매일의 일상에 함께 스며들면서 학업적 성장과 서로의 인간적, 사회적 성장에 함께 참여하고 기여하는 '기숙형 공동 생활 학습체'를 이룬다.

물론 기숙사 생활이 달콤하고 편안함만을 주는 것은 아니다. 서로 다른 배경에서 이십 년 가까이 혹은 그 이상 살아온 인격체들이 기숙사라는 한 공간에서 함께 공부하고 생활하는 것은 실로 큰 도전이 아닐 수 없다. 그럼에

기숙사의 공용 공간들. 학생들은 이곳에서 함께 생활하며 소통과 협업을 일상 속에서 익히게 된다.

도 불구하고 태재대학교가 기숙형 공동생활 학습을 선택한 이유는 이것이야말로 학생들이 가장 효과적으로 소통과 협업을 연습할 수 있는 모델로, 글로벌 인재를 양성하려는 학교의 비전을 담아 낼 수 있다고 믿기 때문이다.

기숙사에서는 한국인 학생과 외국인 학생이 함께 거주하며 자연스럽게 서로의 문화를 이해하고 공감할 수 있다. 학생들은 서로의 식습관, 종교, 생활습관 등 차이점을 이해하는 것에서 시작하여, 서로 다른 취향과 희망에서 공통의 관심사를 발견하는 단계까지, 태재대학교라는 한 배에 탑승하여 서울, 도쿄, 샌프란시스코, 뉴욕, 베이징 등을 지나는 4년간의 긴 항해를 떠난다.

태재의 젊은 항해사들은 개인적 고민뿐 아니라 공동생

활에 관련된 문제도 마주한다. 그리고 그 안에서 필연적으로 내면화하게 되는 것은, 건강하고 지속가능한 학생생활공동체를 만들어 가기 위해 무엇이 필요한지 다른 학생들과 함께 협력하여 찾아 나가는 '경험'이다. 바로 이러한 경험이야말로 토익 점수, 학점 등 여타 통상적인 '스펙'과 차별화된 태재 학생만이 가질 수 있는 강점이다.

모든 수업과 과제가 영어로 진행되는 새로운 환경에서, 힘들어하는 일부 학생에게 영어가 익숙한 다른 학생들이 도움을 주기 위해 함께 모여 스터디를 하곤 했는데, 그렇게 학생들이 모이면서 자연스럽게 다른 안건에 대해서도 토론하게 되었고, 그것이 학생회의 모태가 되었다. 학생회는 학생들의 자율적 의지에 따라 기숙사 생활에서 발생하는 여러 갈등을 조정하고 이를 민주적인 회의와 합의로 해소한다.

갈등이 학생 차원에서 해소되지 않는 경우, 학교의 기숙사 코디네이터 Residence Coordinator, RC와 기숙사 조교 Residence Assistant, RA가 조율에 참여한다. RC와 RA는 기숙사에서 학생들과 지내면서 학생들의 신체적, 정신적 건강을 살피고 이야기를 들으며, 필요할 때는 학생을 관련 부서에 연결해 주어 도움을 받을 수 있도록 한다. 또한 학생들이 4년의 기숙생활 동안 크고 작은 갈등에 처할 때 적절히 개입하여 상황을 중재하는 한편, 나양한 문화의 학생들이 최대한 자기주도적으로 문제를 해결할 수 있도록 돕는 조력자이기도 하다.

학생 주도 비교과 프로그램

4년의 재학기간 중 세계 여러 도시를 한 학기씩 경험하게 되는 기숙사 공동생활 학습 프로그램 Residential Campus Program, RCP 은 오직 태재만이 운영하는 세계 리더 양성 프로그램이다. 학생들은 세계를 경험하며 소셜 프로그램, 학술 프로그램, 문화·예술 프로그램, 건강·스포츠 프로그램과 동아리 활동 등에 참여하게 된다.

(1) 소셜 프로그램

소셜 프로그램으로는 태재 토크 Taejae Talk, 타운홀 미팅 Townhall Meeting 등이 있고, 그와 더불어 학생들의 의견을 반영하여 기획하는 별도 프로그램도 있다(예: 요리대회, 영화

RCP 프로그램의 하나인 요리대회. 이를 통해 학생들은 각국의 음식문화를 경험하고 유대감을 쌓아 나간다.

감상의 밤, 창경궁 야간투어 등). 소셜 프로그램은 학생 전체를 대상으로 그들이 재미있는 활동을 통해 자연스럽게 서로를 알아 가고 친밀도와 유대감을 쌓는 것을 목표로 한다. 또한 지역사회를 위한 봉사활동도 포함한다(예: 노숙자 봉사, 장애인 봉사 등). 학생들은 지역사회와 협력하여 지역 발전에 이바지하는 봉사활동 등에 주도적으로 참여할 수 있다. 이를 통해 글로벌 시민으로 현지 지역사회에 기여하는 특별한 경험도 할 수 있다. 태재 학생들은 이러한 활동에 참여하면서 서로의 역량과 관심을 상호 존중하고 격려하며 함께 성장할 것이다.

(2) 학술 프로그램

학술 프로그램은 강사를 초빙하여 특강을 진행해 학생들이 학구열을 충족하고 본인이 관심 있는 분야를 탐색하는 데 도움을 받을 수 있는 프로그램이다. 첫 입학생들은 '태재 교원 알아가기 Get to Know TJ Faculty'라는 프로그램을 통해 평소 비대면 수업으로 접했던 교수들을 직접 만나 전문분야 세션 강의 및 Q&A를 진행하고 인간적인 교류의 시간을 보내기도 했다.

태재는 또한 세계적인 석학들을 초빙하여 '태재 석학 협의회 Taejae Eminent Scholar Fellow Council'를 구성하였다. 시카고대 김영기 교수, 예일대 마빈 천 교수, 스탠퍼드대 이진형 교수와 토요가쿠엔대 유타카 츠지나카 총장이 첫 멤버이다. 학생들은 이분들과의 교류를 통해 전문가 시각으로 학문을 대하는 자세와 영감을 얻을 것이며, 글로벌 리더를 지향하는 안목을 갖게 될 것이다.

(3) 문화·예술 프로그램

서울, 도쿄, 샌프란시스코, 뉴욕, 베이징 등에서 학기를 보내는 동안 교양 및 문화 소양을 함양하기 위해 학생들

태재 아티스트 팀의 첫 번째 전시회 〈문〉

은 박물관, 미술관, 오페라극장, 역사 유적지 등을 견학한다. 첫 입학생들은 서울에서 덕수궁, 국립현대미술관, 리움미술관 등을 견학하였고, 오페라 〈투란도트〉를 관람하면서 예술에 대한 소양을 함양하였다. 학생들이 경험할 여러 나라는 국가별로 매우 독특한 문화예술적 특성을 갖고 있다. 학생들은 각 도시에서 국가별 고유문화를 다양하게 경험할 수 있을 것이며, 다문화에 개방된 시각과 유연함을 갖게 될 것이다. 글로벌 시민으로서 다양한 문화를 경험하는 것은 학생들의 글로벌 소양에 매우 중요한 자양분을 제공할 것이다.

(4) 건강·스포츠 프로그램

태재는 우선 체육을 앞세운다. 건강한 신체에 건전한 정신이 깃든다는 말은 건강 단련의 중요함을 강조하는 것이다. 이를 위해 학생체육대회, 스포츠몬스터(복합스포츠시설) 체험 등을 진행했고, 등산, 플로깅 plogging, 마라톤, 전통 활쏘기 등 다양한 스포츠 종목에 많은 학생의 참여를 유도하고 있다. 앞으로는 특히 팀 대항 스포츠활동을 통해 공동체 정신 및 페어플레이 정신을 키워 주고자 한다. 첫 학기에는 학생 수가 많지 않아 토너먼트 혹은 리그 운영방식을 따르는 구기 종목 스포츠활동에 어려움이 컸다. 하지만 앞으로는 단체 스포츠활동으로 함양할 수 있는 팀워크와 공정한 플레이정신 배양도 세심하게 배려할 것이다.

(5) 동아리 활동

태재 학생들은 매우 다양한 배경을 가지고 있다. 학생들은 첫 학기에 이미 밴드 클럽, 제2외국어 스터디 클럽

2024년 봄 열린 태재 밴드 콘서트

등 자율적으로 본인의 관심에 따라 동아리를 형성하여 활동하고 있다. 학교는 다른 학생과 함께 성장할 수 있는 학생 주도 동아리 활동을 매우 권장한다.

특히 글로벌 순환도시 생활에서 학생이 현지 문화를 이해하려면 반드시 학술동아리 활동이 필요할 것이다. 예를 들어, 러시아 캠퍼스 생활 중에는 학생들이 일명 '러시아 컬처클럽'을 구성하여 문예 동아리 활동을 할 수 있을 것이다. 예술작품에 투영된 당시를 살아가던 사람들의 가치관 등을 토론하고 학습하는 클럽활동을 상상해 보

자. 도스토옙스키 문학과 차이콥스키 음악을 논하며 연구 결과물을 문예 저널로 엮어 발표하는 활동이라면, 태재의 러시아 캠퍼스 생활을 더욱 빛나게 해줄 것이나.

이러한 다양한 프로그램의 궁극적인 목표는 학생들이 공동의 목표를 가지고 동반자적 공감대를 형성할 수 있는 협업의 장으로서 지속가능한 학생 공동체를 만들어 나가는 것이다.

기숙형 생활학습의 기대효과

태재 학생들은 4년 동안 한반도를 둘러싼 주요 강국인 미국, 일본, 중국 등의 현지 기숙사에서 생활하게 된다. 이들은 그 과정에서 소통과 협업, 다양성의 공존과 조화, 공동체의 갈등 해결과 지속가능성을 경험하고 연습하는 시간을 보낼 것이다. 무엇보다도 학생들은 공동체의 가치를 체득할 것이다. 또한 자립성을 키워 자기주도적으로 자신을 관리하게 될 것이다.

그런 점에서 태재 학생은 여러 나라를 거치며 세계를

항해하는 '젊은 항해사'이면서 동시에 희망을 찾아 미래를 바라보고 항해하는 탐험가이다. 학생은 태재호에 승선한 선구자가 될 것이며, 그 정신을 기숙형 공동생활 학습체에서 습득하게 될 것이다. 물론 따뜻한 가슴과 남다른 공감능력, 다양한 환경에 열려 있는 자세로 미래 도전을 꿈꾸면서 말이다.

기숙형 생활학습의 발전방향

기숙형 공동학습체를 통해 태재 학생들은 함께 공부하며 일상 속에서 소통과 협업을 연습할 수 있다. 또한 해외 도시를 함께 다니면서 다양성을 존중하며 갈등을 해결하는 법을 체득할 수 있다.

이를 지원하기 위해 학교에서는 기숙사에 학생들과 함께 지내는 RC 및 RA를 배치하는데, 이들은 학생회와의 협력을 통해 갈등상황 중재에 나서기도 한다. 또한 학생들의 소속감 증진에 도움이 될 수 있는 비교과 학생 행사 및 프로그램을 학생들과 운영한다. 그렇다면 앞으로 기숙형 생활학습이 나아갈 길은 무엇일까?

기본적으로 모든 프로그램은 태재의 설립 취지 및 인재상의 구현과 맥락을 함께해야 한다. 일단 비교과 프로그램과 관련해서는 최대한 학생과 많이 소통하며 학생의 요구를 반영한 행사를 여는 것을 원칙으로 하고 있다. 물론 태재의 교육 미션을 달성하는 데 맥락을 같이하는 프로그램이어야 한다.

또한 프로그램의 유익성을 높이기 위해 다른 교과 프로그램과 연계하는 방안도 고려해 볼 수 있다. 예를 들어 두 번째 학기부터 실시하는 글로벌 현장학습의 글로벌 인게이지먼트 프로그램Global Engagement Program, GE과 문화·예술 프로그램 간에 접점의 여지가 있는데, 추후 긍정적인 시너지 효과를 창출할 수 있을 것이다.

더 나아가 교수진과의 연계도 생각해 볼 수 있다. 예를 들어 학생들이 뉴욕에서 학기를 보낼 때, 마침 뉴욕에 거주하는 태재대 교수가 기숙사 프로그램에 직접 동참하는 것도 학생들에게 긍정적인 반응을 얻을 것으로 예상된다. 인문학 교수가 뉴욕에 있는 브로드웨이 극장에서 수업시간에 다룬 작품을 기반으로 만든 뮤지컬 공연을 함께 관람할 수도 있고, 경영학 교수가 봉사활동으로 뉴욕 노숙자들을 혁신적인 방법으로 돕는 사회적 기업 견학을 추진하여 학생들의 일일 봉사활동 체험으로 연결하는 방법 등이 그 사례가 될 수 있다. 이를 통해 학생과 교수진 간의 유대감도 강화될 것이다.

글로벌 현장학습

태재 교육의 핵심은 크게 두 가지다. 하나는 수업을 통해 지식을 탐구하는 능력을 키워 주는 역량 함양 교육이고, 다른 하나는 이렇게 내재된 역량을 실제 상황에 적용하고 창의적으로 문제를 해결하는 능력을 키우는 경험학습 experiential learning이다. 따라서 글로벌 경험학습은 태재 학생 모두에게 필수 교육과정이다.

태재 학생들은 재학 중 세계 여러 나라를 순환하면서 생활하게 되는데, 한국에서 시작하여 미국, 일본, 중국 등지의 핵심 도시에서 각각 한 학기를 보낸다. 세계 주요 도시의 생활을 통해 각 사회의 독특한 사회환경을 경험하고 동양과 서양을 확장 연결하면서 경험을 쌓아 갈 것이다.

글로벌 순환캠퍼스는 서울, 도쿄, 샌프란시스코, 뉴욕, 베이징 등지의 대학 기숙사 혹은 공유 거주공간에 마련될 것이다.

왜 글로벌 순환인가?

태재 교육에서 제공하는 세계 여러 도시에서의 경험은 여타 많은 대학들이 추구하는 경험학습과는 완전히 다르다. 태재대학교는 각 도시의 경험이 학생에게 내재화되도록 이를 세심하게 설계하였다.

글로벌 역량은 단순히 현지 언어 구사 능력이나 특정 국가에 대한 단편적 지식으로 완성될 수 없다. 학생들은 현지에서 체류 국가의 역사, 문화, 정치, 경제 등을 아우르는 통합적인 사회 시스템을 학습하게 된다. 또한 체류 도시에서의 현장 방문을 통해 사회문화적 실제 사례를 목격하고 체험한다. 아울러 주민들과 소통하고 그들의 일상을 살펴보며 지역사회의 문제를 발견하고 이를 해결하기 위한 과정을 거친다. 이는 진정한 글로벌 역량을 내재화하는 교육과정이다. 태재 교육의 한 축이 액티브 러닝 방식의 온라인 수업 운영이라면, 또 다른 축은 글로벌 현장학습이다.

세계 여러 나라를 순환하며 글로벌 환경에서 삶을 영위하는 경험은 미래 리더에게 필수적으로 요구되는 다양성 및 조화로운 가치관, 나아가 개방적인 태도와 공감능력을 배양시켜 줄 것이다. 세계 어느 곳에서 일하더라도 태재 졸업생의 역량은 그 빛을 발할 것이다.

왜 한국·미국·중국·일본·러시아인가?

태재의 글로벌 순환캠퍼스를 구성하는 5개 국가는 각기 고유한 지정학적 특성과 사회·제도적 특징을 가지고 있다. 한국은 동아시아 문화의 중심지로서 다른 아시아 나라와 차별되는 독특한 언어와 역사를 지니고 있다. 중국은 세계 최대 인구보유국 중 하나이며, 근대 통일국가 건립 후 독특한 사회 시스템으로 정치·경제적 강국으로 비상하였다. 그리고 미국은 독립혁명을 거치며 자유민주주의 사회제도를 완성하였고, 다민족·다문화, 그리고 포용적인 혁신사회를 이루었다. 한편, 일본은 전통을 지키면서도 근대 서양문명을 조화롭게 발전시켜 2차 세계대전 후 강대국으로 빠르게 도약하였고, 러시아는 뛰어난 문화예술을 자랑하는 나라이자 사회 시스템의 변혁과정에서 병임을 보였기만 여전히 강대국으로 서 있는 국가이다.

한국과 미·중·일·러, 총 5개 국가의 사회 시스템, 문화, 교육 및 경제 체계 등은 유의미한 대조군이다. 학생들은 글로벌 순환학습을 통해 여러 사회 모델을 비교하고, 각 국가의 독특한 가치관 및 생활을 지배하는 문화를 이해할 수 있을 것이다.

또한, 각국의 사회 문제와 그에 대한 대응방식을 비교하면서 사회 시스템의 유연성과 도전에 대한 이해를 높일 수 있다. 이는 글로벌 순환학습에서만 가능한 것이다.

(1) 대한민국 – 인간과 자연의 조화와 다양한 가치의 공존

유구한 역사를 자랑하는 대한민국은 전통문화를 보존하고 있으며, 다양성에 대한 수용도 폭넓은 나라이다. 강대국으로 둘러싸인 지정학적 환경 때문에 위기를 많이 겪으면서 환경 변화에 능동적으로 대응하는 저력을 갖게 되었다. 유교 생활철학이 사회생활의 근간을 이루고 있어

자연을 해하지 않는 인간의 삶이 특징이다. 자연과의 조화 속에서 인간 역시 조화로운 삶을 영위할 수 있다는 것을 보여주고 있다. 그런 면에서 한국에서는 인간이 자연을 훼손하지 않는 정신을 지키며 조화롭게 살아온 정신유산을 학습하고 경험하는 것이 매우 중요하다.

그 대표 사례로서 서원은 자연과 인간의 조화로움을 보여주는 상징적인 문화유산이다. 더욱 흥미로운 사실은 서원이 조선시대 인재교육을 담당했던 교육기관이라는 점이다. 학문과 예의를 숭상한 유교문화의 맥이 흐르는 곳으로, 자연과 인간의 조화를 대표하는 건축공간에서 인재를 육성했다는 사실은 한국사회의 전통적 가치관을 보여준다. 서원은 유네스코 문화유산으로, 이는 세계가 한국의 자연과 인간의 조화로운 가치관을 높이 평가하는 증표다. 학생들은 한국에서의 현장학습을 통해 유교정신에 기반한 사회 전반에 흐르는 조화로움을 체득할 것이다. 한국은 아주 빠른 기간에 경제발전과 사회환경의 선진화를 이룬 저력을 지닌 나라이다. 한국이 걸어온 현대사를 통해 미래사회에 대한 통찰력을 얻을 수 있을 것이다.

글로벌 현장학습을 위해 안동 서원(위쪽)과 강화도(아래쪽)를 방문한 학생들

(2) 미국 - 독립혁명의 유산과 다문화의 이해

미국 글로벌 순환학습에서 학생들에게 핵심적으로 주어지는 과제는 1775년에 시작된 미국 독립혁명이다. 이는 열악했던 식민지가 세계에서 가장 큰 영향력을 가진 초강대국으로 발전하는 출발점으로, 세계 역사의 전환점이 되었다. 미국 독립선언에는 인권과 헌법 정신 등 진보적인 사상이 담겨 있다. 독립전쟁에서 승리한 미국은 추후 에이브러햄 링컨이 이끈 노예해방, 마틴 루터 킹 목사의 시민평등운동 등으로 자유민주주의를 완성해 간다. 미국의 독립혁명은 이렇듯 근대 민주주의 발달에 매우 상징적인 사건이며 태재 학생들이 미국 순환캠퍼스 생활에서 반드시 체험해야 하는 정신 유산이다.

미국은 또한 대표적인 다문화 다민족 국가로, 세계 여러 민족의 문화가 용광로처럼 녹아 있는 사회이다. 미국에서 학생들은 다양한 인종, 언어, 종교, 문화 등을 체험하며 국제사회의 다양성에 대한 이해를 극대화할 수 있다.

또한 미국의 발전은 교육과 기술의 선진화를 기반으로 지속적인 혁신을 이룬 결과이다. NASA 설립과 우주 개척을 통해 이룬 첨단기술의 혁신이 인간의 삶을 변화시킨 주제는 NASA 본부와 실리콘밸리 투어를 통해 학습할 계획이다. 뉴저지가 세계금융의 메카가 된 월스트리트, 국제정치의 무대인 유엔 본부가 있는 뉴욕에서 글로벌 인턴학습을 한다. 미국에서의 태재 글로벌 학습은 이러한 정신과 유산을 체험하는 것으로 의미를 부여할 수 있겠다.

(3) 중국 - 강대국으로의 부상과 미래 성장, 문화적 유산

중국의 문화 및 독특한 정치·경제 사회체계에 대한 경험학습은 미래 사회의 글로벌 리더에게는 필수적이다. 중국은 오랜 역사와 풍부한 문화적 유산을 지닌 나라다. 중국 체류는 무엇보다도 전통적인 예술, 철학, 언어 등 무형문화 유산을 체험하고 이를 이해하는 학습 기회가 되어야 할 것이다. 세계에서 가장 오래된 문명 중 하나이고 가장 큰 인구 대국인 중국은 1912년에 아시아 최초의 공화제 국가로 탄생하였으나 이후 1949년 사회주의 국가로 탈바꿈했다. 이로써 권력의 중앙집중화를 달성하면서 오늘날의 중국은 자본주의와 사회주의가 양립하는 독특한 국가체제를 가지고 있다. 중국 특유의 사회체제를 만들어 낸 것이다.

현재의 중국은 엄청난 인구가 놀랍도록 강한 단결력을 보이는 나라다. 근대화는 상대적으로 늦었지만 뒤늦게 자본주의와 사회주의를 융합하고 국민의 사상을 통합하여 강력한 대국으로 성장하였다. 또한 중국은 한국에 가장 큰 영향을 미치는 이웃 국가이다. 학생들에게는 중국과 미국의 제도와 사회문화를 비교 분석해서 동서양의 조화로운 동반자적 협력 방안을 모색해 보는 기회가 될 것이다.

(4) 일본 – 전통과 서구문명의 조화로운 융합

일본은 동아시아 문화권에 편입되어 있으면서도 동쪽 끝에 분리된 섬나라의 지리적 환경으로 다소 이질적인 문화를 갖게 되었다. 지방권력으로 분산된 형태의 봉건사회를 오래 유지하다가 16세기 후반에 이르러서야 통일국을 이룬다. 견고해 보였던 막부시대는 19세기 중엽에 서양의 침략으로 붕괴했다. 그 이후 메이지 유신으로 빠르게 근대국가로 발전하였다. 자유민권운동이 이루어져 19세기 후반에는 내각제도와 제국헌법을 제정하고 제정의회를 설치하여 명목상 입헌국가가 되었다. 그러나 신과 같은 존재인 천황을 중심으로 국민적 통합을 유지했다.

메이지 유신을 통해 일본은 근대 서양의 정치제도와 문명을 기존의 보수문명과 큰 충돌 없이 점진석으로 융합하고 조화롭게 발전시켜 강대국으로 발돋움하였다. 태재 학생들은 이러한 일본의 저력을 체험하고 앞으로 일본과 한국의 동반자적 관점에서 상호 동반성장의 화두를 고민하게 될 것이다.

(5) 러시아 – 체제전환의 영향과 문화유산

러시아는 세계에서 가장 넓은 나라로, 인구의 다수는 슬라브족이다. 10세기 말에 유입된 동방정교가 기존의 슬라브 문화와 융합되어 독특한 현대 러시아 문화의 기반을 놓았다. 15세기에 이르러 통일국이 되었으며 18세기에 서유럽의 선진 과학문명 도입으로 서구화를 거쳐 러시아제국으로 발전하였다. 이후 유럽의 주요 열강으로 부상하였다. 하지만 1917년 프롤레타리아 러시아혁명으로 제정은 무너졌고, 사회주의 국가인 소비에트연방이 성립하였다. 2차 세계대전에서 승전국이 되며 초강대국으로 등장한 이후 오랫동안 사회주의 체제의 수장으로서 미국과 대립하였다. 공산당 독재체제를 구축하고 국가 주도의 급속한 산업화를 이루었으나 경제위기와 사회불안으로 1990년 러시아공화국으로 재개편되었다.

러시아공화국은 정치적 민주화와 시장경제로의 이행이라는 체제전환 과제를 안고 시작했지만 경제불안을 해소하지 못하고 대통령제가 되어 지금에 이르렀다. 1998년의 모라토리엄 선언으로 가시화된 러시아의 경제위기는, 그간의 체제전환과 개혁이 실패했기 때문이라는 게 보편적 견해다. 러시아는 정치와 사회 시스템에 아주 많은 변혁을 거쳐온 나라이지만, 동시에 유네스코 문화유산이 매우 많은 나라이다. 러시아 체류 중에는 이처럼 다양한 전환기적 변화를 거치면서도 여전히 글로벌 지도력을 유지하면서 찬란한 문화유산을 보존하고 있는 강대국 러시아의 다이내믹스를 체험하게 될 것이다. 학생들은 러시아를 경험하며 한국과 미국, 그리고 중국과 일본을 연결하는 안목과 통찰력을 갖게 될 것이다.

결론적으로, 글로벌 순환학습은 한반도 주변의 초강대국을 경험하고 학습하는 태재 교육의 가장 큰 장점이다. 태재 글로벌 순환학습은 학생들이 미래 인재, 글로벌 인재로 성장하는 데 가장 필요한 사람과 역사의 특성, 변화의 역동성, 그리고 산업환경 등 사회문화적 요소를 현장에서 체험하는 경험학습의 진수일 것이다.

글로벌 현장학습의 구성

글로벌 현장학습 패키지는 기숙사 캠퍼스 프로그램과 스터디 투어, 그리고 도시문제 해결 프로젝트로 구성된다. 이 프로그램은 경험학습의 전형이며, 그 과정은 경험학습 이론과 학습순환의 과정을 따른다. 즉, 교실에서 배운 내용과 연계하여 문제를 접하고, 그 해결을 위한 과정에 참여해 이를 실행하며, 마지막으로는 해당 활동의 결과로부터 현장 적용 가능 여부와 다른 문제로의 확장 가능성 등을 학습하는 것이다.

(1) 국가 사회문화 기초 이론학습과 스터디 투어의 융합

글로벌 소사이어티 Global Society, GS 학습에서는 체류하는 각 국가 고유의 문화, 역사, 정치, 경제, 사회구조 등을 학습할 수 있도록 다양한 세부주제에 대한 이론적 학습

을 수행한다. 여기에서는 유관 주제 강연이나 도서 강독과 토론, 파생되는 사례연구 조사, 영상물 학습과 에세이 작성 등 다양한 방법으로 학생들이 해당국에서 꼭 알아야 할 내용을 학습한다.

한편, 글로벌 인게이지먼트 투어 Global Engagement Tour, GET 학습은 글로벌 소사이어티에서 다루는 동일한 주제를 현장에서 직접 보고 듣고 체험하는 학습의 기회다. 이는 기초지식 수업에서 학습한 각 국가의 사회문화 등을 체화시키는 각 국가의 현장 탐방 스터디 투어 프로그램이다. 현장 방문 후 학생의 학습성과는 보고서와 영상제작물 등 현장감 넘치는 결과물로 도출될 것이다. 학생 팀별 발표회를 공유하며 상호 간 비교와 성찰의 기회를 제공한다. 이러한 과정을 통해서 학생들은 같은 주제에 대해서도 다양한 시각으로 접근할 수 있음을 경험할 것이다.

글로벌 현장학습에서의 기초 이론학습(GS)과 스터디 투어(GET) 융합 프로그램은 학생이 단순히 여행을 따라다니는 것이 아니라 스스로 학업 내용을 설계하는 과정이다.

예를 들어, 러시아는 세계적인 예술문화를 간직한 나라이다. 그러나 러시아혁명은 정치체제뿐만 아니라 개인

의 가치와 사고에도 큰 영향을 미쳤다. 러시아혁명의 성
공과 실패 사이에는 많은 예술가의 흔적이 남아 있다. 당
시 러시아 지식인들은 자신의 삶과 공동체의 운명을 승화
시하며 이러한 가치를 반영한 작품을 남겼고, 예술적 영
감으로 발전시켰다.

당시 예술가들이 러시아혁명에서 어떤 꿈을 꾸었는지,
그 꿈과 생각이 그들의 활동에 어떠한 영향을 미쳤는지
확인해 보는 경험은 러시아 경험학습의 백미가 될 것이
다. 러시아 사회문화 기초 이론학습과 스터디 투어는 그
러한 예술혼의 흔적을 찾아보는 방향으로 운영될 수 있으
며, 러시아 현지에서만 경험이 가능한 학습이다.

미국 사회문화를 이해하는 핵심 주제는 자유민주주의
와 헌법정신이 될 것이고, 그 기초는 미국의 독립혁명으
로 수렴한다. 미국 독립혁명은 자유민주주의를 향한 시민
혁명이다. 자유민주주의 태동과 헌법정신을 학습하기 위
해 유관 주제 강연과 도서 강독, 문헌조사와 토론 등이 진
행될 것이다. 한편 스터디 투어는 독립전쟁 발발의 단초
가 된 보스턴 차 사건 현장 방문을 통해 무엇이 당시 민중
의 독립정신을 일깨웠는지 학습한다. 그리고 필라델피아

로 이동하여 독립선언문이 낭독된 독립기념관과 전쟁 승리 후 필라델피아 제헌회의가 개최된 현장을 탐방한다.

한편 워싱턴 D.C.는 현재도 미국의 정치적 수도로, 민주주의의 총본산이다. 이곳에는 국회의사당, 링컨 기념관, 워싱턴 기념탑, 제퍼슨 기념관, 마틴 루터 킹 주니어 기념관 등 다수의 민주주의 기념물이 존재한다. 특히 링컨 기념관 옆에는 한국전쟁 참전기념비가 있어, "자유는 거저 주어지는 것이 아니다 Freedom is not free"라는 문구를 만날 수 있다. 학생들은 세계 자유와 민주주의를 위한 숭고한 희생의 흔적을 확인할 것이다.

(2) 도시문제 해결 프로젝트 Civic Project

이 프로그램은 체류하는 각 도시의 고유한 문제를 정의하고 실제적인 해결방법을 도출하기 위해 현지 지역사회와 기업 또는 민간단체와 협업하는, 교실에서 배운 이론과 현장 적용을 넘나드는 학습활동이다. 이 활동은 아이디어 제안에 그치지 않고 현실문제에 바로 적용 가능한 매우 구체적인 실행방안을 담은 해결책을 마련하는 것이다.

학생들은 교수와 현지 파트너가 제공하는 해당 도시의

기본적 정보를 얻은 후, 비슷한 문제의식을 가진 학생들끼리 그룹을 형성하여 주제를 선택하고 해결 문제를 정의하게 된다. 학생들은 세부 분야의 구체적인 아이디어를 구하고 실행계획을 수립한 후 제안서를 작성한다. 이후 문제에 대한 실행 중심적 솔루션을 디자인하고 지역사회에 실제 적용할 수 있는 방법도 모색한다.

이 프로젝트에서 수행될 문제를 찾아내기 위해서는 지역을 관찰하고 분석해야 한다. 아울러 그룹 구성원 간의 협력과 파트너 기관과의 건설적인 팀워크도 요구된다. 이를 통해 학생들은 소통과 협업 역량을 키우면서 학습과 경험의 성과가 어떻게 현실적으로 작동하는지 체험할 수 있을 것이다.

예를 들면 일부 학생팀이 그들의 관심 주제로 서울, 도쿄, 샌프란시스코, 베이징 등에서 '지역주민의 삶에 기여할 수 있도록 더 스마트한 도시환경을 만들기 위해 무엇을 어떻게 개선할 것인가?'를 설정한다고 가정해 보자.

이 학생팀은 각 국가와 도시의 사회문화 환경 분석을 기반으로 각 도시별로 가장 영향 있는 세부 토픽을 정의한다. 이 세부 토픽의 해결방안을 찾는 과정에는 전공 교

그림 9 – 도시문제 해결 프로젝트 진행 개요(서울대학교 국가미래전략원 교육개혁TF 1차 심포지엄 'Creative Learning at Taejae' 발표자료(2023.11.23.)에서 발췌)

과와의 연계와 팀 내 전공 융합이 절실하게 요구된다. 또한 프로젝트의 세부 토픽이나 성격에 따라서 태재 교원들의 전문적인 코칭이 필요하다. 즉, 학생과 파트너 단체 그리고 태재 교원이 머리를 맞대고 지역주민의 삶을 개선하기 위한 구체적이고 적용 가능한 해결책을 마련하게 될 것이다. 이 제안서가 해당 도시의 정부기관이나 유관단체 등에 제안되어 문제해결에 실제로 도움이 되는 결과로 이어지면 학생들은 사회에 직접 기여하는 보람도 경험할 수 있을 것이다.

(3) 실리콘밸리 투어와 유럽 그랜드투어

실리콘밸리 지역은 기업가정신의 중심지로서 실패와 도전을 통해 인류의 미래를 디자인하는 곳이다. 태재는 실리콘밸리 투어를 통해 혁신적인 첨단기술이 어떻게 인간과 삶을 변화시켜 왔는지에 초점을 맞춘다. 학생들은 그 지역의 기업과 기관을 방문하고, 그곳에서 일하는 사람들과 이야기를 나눌 수 있다. 태재는 실리콘밸리 지역의 여러 기업 및 기관과 협력을 유지하면서 학생과의 만남을 원활하게 조율하고, 학생들이 그곳에서 경험한 것을 충분히 흡수하여 확장할 수 있도록 배려할 것이다.

한편, 유럽은 서양문명의 발상지로 현재도 세계에 주요한 영향을 미치는 곳이다. 유럽 그랜드투어는 졸업 직전의 교육과정으로서 여러 글로벌 순환도시에서 학습하고 경험한 통찰력을 기반으로 서양문명의 태동과 사회변혁 자취를 탐구하는 과정이다.

그리고 중세시대를 거쳐, 피렌체를 중심으로 한 르네상스시대, 스페인과 포르투갈이 앞서 나갔던 대항해시대, 프랑스혁명과 자유사상, 영국의 산업혁명 등 세계 대전환을 가져왔던 서양문명사를 학습할 것이다. 그랜드투어는 특히 경쟁과 협력을 거쳐 여러 모습으로 나타난 국가와 사회의 발전, 그리고 인간에서 신으로, 다시 인간 중심으로의 변천 등 인간의 대서사시를 조망하는 기회가 될 것이다. 서양문명의 발자취를 탐험하면서 건설적이고 풍요로운 미래를 만들어 가는 데 기여할 수 있는 통찰력을 길러 주고자 하는 것이 유럽 그랜드투어의 목적이다.

태재 학생들은 전 세계를 캠퍼스로 삼으면서, 시공간적으로는 물론 주제적으로도 광범위한 탐색을 할 수 있다. 수업과 연계되는 현장학습은 도시를 달리하며 반복되고, 학생들은 문제에 접근하고 결과를 도출하는 과정에서 점차 성장하는 자신을 발견하게 될 것이다.

(4) 전공과의 연계 및 캡스톤 프로젝트

태재 교육에서 국가별 글로벌 현장학습은 상호 긴밀하게 연결되며 순환 국가의 사회문화에 대한 심층적 이해를 돕는 프로그램으로, 이를 통해 비판적 사고와 다양성, 공감능력 등을 우선적으로 함양할 수 있다. 한편 도시문제 해결 프로젝트는 현지에 대한 이해를 바탕으로 지역주민에게 현실적인 도움을 줄 수 있는 사회문제 해결책을 도출하는 프로젝트로, 창의적 사고, 소통과 협업, 그리고 글로벌 지속가능성을 추구하는 활동으로 정리할 수 있다.

도시문제 해결 프로젝트에서 학생들은 현장 지역주민의 수요를 직접 파악해 해결책을 도출하는 과정을 실행한다. 이는 창의성 교육을 구현하는 전형적인 교육방법, 즉 디자인씽킹 design thinking 과정이다.

앞에서 언급한 도시문제 해결 프로젝트를 수행하는 과정에는 지역주민의 생활방식과 가치, 문화를 분석하는 인문사회 전공지식, 도시공학적 설계를 중심으로 하는 과학기술 전공지식, 그리고 데이터 분석을 기반으로 하는 데이터과학 전공지식 등이 요구될 것이다. 이 도시문제 해결 프로젝트에는 교원들의 코칭이 함께할 것이다. 이러한 과정은 졸업 프로젝트 성격의 캡스톤 프로젝트로 연계될 수 있다. 이처럼 글로벌 현장학습은 현장에 기반한 팀 활동이면서 동시에 수업에서 학습한 전공지식을 현장에 적용하는 과정이다.

(5) 글로벌 순환교육의 주체, 학생

글로벌 순환교육의 핵심은 학생들이 순환 체류국가와 도시의 사회 시스템을 체득하는 것이다. 이를 위해 학생에게 요구되는 가장 중요한 힘은 자기주도 역량이다. 태재 생활은 지속적인 'Out-of-Comfort Zone'의 연속과 확장이다. 이러한 환경에서는 학생이 스스로 모든 일을 해내야 한다. 수업에 참여하면서 과제를 수행하고, 문제해결을 위한 팀 프로젝트 활동을 수행하여야 한다.

한편 학생들의 모든 활동 무대는 현지 글로벌 도시캠퍼스인 기숙형 공동생활 학습 공간이다. 여기에서는 학생의 일상과 학업생활을 지원하기 위해 함께 체류하는 현지 태재 레지던스 전문인력(레지던스 코디네이터)으로부터 적절한 수준의 지원을 받게 될 것이다. 그럼에도 학생들이 가장 긴밀하게 협력하는 대상은 동료 학생들이다. 학생들은 서로 돕고 존중하며 함께 성장하는 동료로서 조화롭게 인간관계를 영위할 수 있어야 한다.

태재 글로벌 순환교육의 목표는 조화롭게 상생하며 공동의 지속가능발전에 기여하는 미래인재를 양성하는 것이다. 학생의 외국어 역량은 이러한 미래 인재에게 요구되는 다문화 다양성에 대한 수용능력과 공감능력의 가장 밑바탕이 되는 항목이다. 모국어와 영어를 제외한 3개 외국어와 컴퓨터언어 구사능력은 미래 글로벌 리더로서 반드시 갖추어야 한다.

태재의 글로벌 현장학습은 세계 고등교육의 새로운 패러다임을 제시할 것이다. 실행되는 세부 프로그램들이 현지 사회를 학습하기에 최적화된 모듈로 발전할 수 있도록 태재는 지속적인 평가과정을 통해 계속 개선할 것이다.

태재 글로벌 현장학습이 나아갈 길

최근의 고등교육 현장에서는 학생성과 중심으로 교육 프로그램과 내용을 근본적으로 재설계하고 혁신해야 한다는 목소리가 높다. 혁신 방향은 세계를 무대로 실제 환경에 몰입하는 경험 교육으로 접근해야 한다고 교육학자들은 주장한다. 유용 가능한 지식, 즉 '실천적 지식practical knowledge'을 교육해야 한다는 것이다. 이제 대학교육의 목적은 학생들에게 지식과 기술을 기억하도록 가르치는 것이 아니다. 학생들이 변화하는 세계에 적응하면서 자신의 보람된 삶을 위해 사용할 수 있는 지적 도구들을 잘 갖추어 주는 교육이 되어야 한다.

　태재의 글로벌 현장학습은 다양성에 대한 공감능력을 기반으로 학생이 정의한 문제를 직접 해결하는 과정이다. 학생들은 태재가 제공하는 글로벌 현장학습으로부터 지식을 활용하는 방법을 체득하여 이를 지속적으로 확장해야 할 것이다.

Chapter 6

태재 학생성공

성영신·반순웅·성소현

성영신

태재대학교 대외커뮤니케이션원장. 독일 함부르크대학교에서 심리학 박사 학위를 취득하였으며, 고려대학교 심리학과 교수, 한국 소비자광고 심리학회 회장 등을 역임하였다.

반순웅

태재대학교 교무학사팀 팀원. 고려대학교에서 미디어학 석사학위를 취득하였다.

성소현

태재대학교 글로벌선도원 팀원. 고려대학교에서 심리학 석사학위를 취득하였다.

한 사람의 삶에서 성공이 어떻게 정의되든 이를 향한 여정에는 비슷한 역량이 요구되는 경우가 많다. 성공을 위해서는 전략적 사고, 의사결정, 리더십, 네트워킹, 리스크 관리, 그리고 타인과의 관계 등 여러 영역에서 뛰어난 역량이 필요하다. 경제적 성취로 사회적 성공을 가늠하던 시대는 이미 지났다. 자신의 역량을 키우면서 이를 활용하여 전 세계 인류에 선한 영향을 미치는 것이 진정한 성공이다. 결국 성공을 위해서는 필요한 역량과 기술을 학습하고 훈련할 수 있는 좋은 환경과 경험의 기회를 갖는 것이 중요하다.

성공으로 가는 여정

대학교육은 학생들의 졸업 이후 사회적 삶에 지대한 영향을 미친다. 태재대학교는 학생들이 다양한 영역에서 성공할 수 있는 역량을 키우는 환경과 교육을 제공한다. 학생들이 자신의 꿈을 달성하는 개인적인 차원에서부터, 글로벌 리더로서 필요한 핵심역량을 함양할 수 있도록 최고 수준의 교육과 체험학습 커리큘럼을 제공하는 데 전념하고 있다.

태재대학교의 교육은 다양한 분야에서의 학생 성공을 위해 다음과 같은 6대 핵심역량 함양에 초점을 두고 있다.

- 비판적 사고
- 창의적 사고
- 자기주도 학습
- 소통과 협업
- 다양성과 공감
- 글로벌 화합과 지속가능성

이러한 핵심역량을 통해 학생들은 단순히 지식을 더 많이 아는 것을 넘어, 배운 지식을 활용하고 지혜를 터득하며 새로운 방법을 찾아내고 창의적인 문제해결 방안을 제시할 수 있다. 태재대학교는 엄격한 학업 커리큘럼을 구성하여 입학 후 첫 1년간 다음과 같은 교육과정을 제공하고 있다.

- 비판적 사고와 합리적 사고 Critical and Rational Thinking
- 창의적 문제해결 Creative Problem Solving
- 다양성, 공감, 글로벌 시민의식 Diversity, Empathy, and Global Citizenship
- 자기주도 학습 Empowered Learning

하지만 역량 개발은 수업에서만 이루기는 어렵다. 학생들은 배운 지식을 적극적으로 실천하고 적용하여 이를 가슴에까지 담아야 진정으로 하나의 역량을 체득할 수 있다.

학생성공의 의미

'학생성공'은 두 가지 의미를 갖는다. 첫째는 학생들이 각자 자신이 진정으로 이루고 싶은 꿈을 찾아 실현하고 각 분야에서 영향력 있는 인물이 되는 것이다. 이는 단순히 어떤 지위나 성취를 넘어 자아실현을 통한 만족스럽고 행복한 인생을 뜻한다. 둘째는 개인적인 성취를 넘어 더 넓은 사회에 영향을 미치는 글로벌 리더로서 전 세계 인류와 지구의 지속가능성에 기여하는 것이다. 우리는 한 가정의 가족, 한 학교의 학생, 한 지역의 주민, 그리고 한 국가의 국민을 넘어서 지구촌의 주민이다. 글로벌 리더라면 사회, 환경, 문화를 아우르는 시대의 흐름과 미래의 인류 문제를 해결하고자 하는 태도와 책임감을 가져야 할 것이다.

성공에 필요한 역량 개발

어떤 일이든 능숙해지기 위해서는 많은 연습이 필요하다. 책만 읽고 피아노를 마스터할 수 없고, 유튜브 동영상을 보며 수영을 배울 수는 없다. 마찬가지로 유능한 의사가 되려면 교과서로 공부하거나 시험을 잘 보는 것 이상의 훈련이 필요하다. 태재대학교는 성공 연습을 위해 태재의 핵심역량을 직접 실천하고 경험할 수 있는 비교과 프로그램 extracurricular program 을 학생들에게 제공하고 있다.

비교과 프로그램

비교과 프로그램은 학생들이 진정한 역량을 기를 수 있는 성장의 과정으로, 성공을 향한 여정에 필수적이다. 예를 들어 의사가 되기 위해서는 책으로 배운 지식을 실제 상황에 적용해 보고, 기술을 실습하고, 역량을 다듬는 레지던트 과정을 마쳐야 하는 것과 마찬가지다. 학생들은 수업에서 배운 지식을 실제 상황에 적용하며, 지식과 자신의 실제 역량 간의 격차를 인식하고 줄여 갈 수 있는 기회를 갖는다. 더 나아가 급변하는 시대의 미래 어떤 상황에서도 자신감 있게 대할 수 있는 기초체력을 키우는 것이다. 태재대학교는 학생들이 성공적인 삶을 살도록 하기 위해 실질적으로 다음 네 가지 요소에 집중한다.

- 자기역량
- 정서적 역량
- 글로벌 시민의식
- 진로개발

자기역량

자신이 누구인지 명확히 이해하여 건강한 정체성과 자존감을 세우는 자기역량은 타인과의 관계나 공동체 속에서의 역할에도 큰 영향을 미친다. 성공적인 글로벌 리더가 되기 위해 자기역량은 왜 필요할까?

"성공은 추구하는 것이 아니라, 훗날의 당신에 의해 끌어당겨지는 것이다 Success is not to be pursued; success is to be attracted by the person you become"라는 이야기가 있다. 자신을 알고 내면에 집중하여 노력하는 것이 성공의 열쇠라는 것이다. 철학자 소크라테스가 "자기 자신을 알라"라고 이야기하고 셰익스피어가 햄릿에서 "무엇보다도, 여러분 자신에게 진실하라"라고 쓴 것과 마찬가지다.

20대의 젊은이들에게 가장 중요한 인생과제는 부모나 친구를 좇아 생긴 꿈이 아닌 진정한 자신의 꿈을 찾을 수 있도록 정체성을 확립하는 것이다. 그러나 불행하게도 우리 사회의 많은 대학생들은 사회적 자아 social self 와 타인에게 보이는 모습에 더 신경을 쓰고 집중하는 경향이 있다. 태재대학교는 학생들이 외부보다는 자신의 내면을 먼저 보면서 자기 정체성을 강화하여 훌륭한 리더에게 필요한 역량의 기초를 다질 수 있도록 돕고 있다.

태재대학교는 학생들이 개인적 자아(individual self)를 건고히 확립할 수 있도록 입학 후 첫 1년간 '정체성 프로그램'을 진행한다. 정체성 프로그램에서는 사고방식, 성격, 가치관, 강점, 외모 등 다양한 측면에서 스스로를 탐색하는데, 학생들은 자신이 경험한 구체적 사건들을 되돌아보며 스스로를 성찰한다. 이 시간을 통해 자신과 마주하며 미래를 위해 현재 무엇을 해야 하는지 알 수 있게 된다. 또한 자신의 삶에서 진정으로 이루고 싶은 꿈과 목표가 무엇인지 찾을 수 있다. 이러한 프로그램은 학생들이 스스로를 그대로 인정하고 받아들이도록 도와주어 자존감과 자신감을 높이는 데 도움이 된다. 자기확신은 성공에 꼭 필요한 초석이다.

우리 모두는 하나의 우주 같은 고귀한 존재이지만, 특정 사회에 소속되어 구성원으로 살고 있다. 개인주의가 팽배한 시대이지만 우리는 늘 어디에 소속이 되어 살고 있다. 소속된 조직과 자신의 관계를 정립하고 의미를 찾는 일은 스스로의 역할과 존재에 매우 중요한 영향을 미치며, 학생들에게는 태재대학교가 그들이 속한 조직이자 공동체다.

자기역량 프로그램을 통해 학생들은 자신이 누구인지에 대한 개인적 자아를 확립하고 동시에 사회 속에서의 자신을 탐색한다. 사회적 자아를 다루는 '소속감 프로그램'은 학생들이 스스로에게 태재가 어떤 의미인지, 태재에게 나는 어떤 의미인지를 생각해 보게 한다. 태재대에서의 생활이 자신에게 어떤 영향을 미쳤는지 되돌아보고 소속감을 경험해 보는 과정이다. 학생들은 공동체에서 소속감을 증진하는 방법과 공동체에 기여하는 일의 중요성을 배울 수 있으며, 이를 통해 졸업 후 어떤 직업을 갖게 되든 소속 조직에서 최고의 역할을 하게 될 것이다.

글로벌 리더로서 가장 중요한 역량은 리더십과 팀워크 역량이다. 개인적 자아에 기반하여 자신을 이해하고 수용하게 되면 타인도 이해하고 수용할 수 있는 능력이 생긴다. 좋은 리더는 자신의 한계와 강점을 인지하고 상황에 따라 리더 또는 팔로워로서의 역할에 적응할 수 있어야 한다. 리더십 및 팀 빌딩 프로그램에서 학생들은 팀 토론과 같은 활동을 통해 그룹의 역학 관계, 팀워크, 커뮤니케이션 기술을 배운다. 또한 학생들은 팀 환경 내에서 다양한 역할에 적응할 수 있는 유연성을 키운다. 프로그램을 통해 다른 사람들과의 관계에서 자신이 누구인지를 이해하며 대인 관계의 역동성을 이해할 수 있게 된다. 학생들은 태재대학교에서 다른 학생들과 함께 팀워크와 리더십을 경험하며 성공적인 사회인이 되기 위한 준비를 시작한다.

태재대학교는 학생들이 미래에 큰 영향력을 발휘할 수 있도록 사회적 자아를 더 넓은 수준으로 성장시키기 위해 노력한다. 학생들이 자신의 사회적 정체성을 소그룹 단위에서 소속된 조직, 국가, 나아가 글로벌 시민까지 점차 확장하여 궁극적으로 영향력 있는 글로벌 리더로 성장하기 위해 필요한 일이다.

글로벌 리더십의 영역에 도달하기 위해서는 개인적 자아와 사회적 자아가 모두 완전하고 건강하게 성숙해야 한다. 개인적 자아와 사회적 자아, 또는 현실적 자아와 이상적 자아 사이에 격차가 있다면 문제가 발생한다. 이러한 유형의 불일치는 종종 스트레스, 우울증 등으로 나타나 내적 갈등을 야기하며, 궁극적으로 관계 문제 또는 커리어에 장애물로 이어질 수 있다. 따라서 성공에 필요한 또 다른 역량은 정서적 역량이다.

정서적 역량

내 자신의 심리와 정서를 잘 관리하면 어디까지 성장할 수 있을까? 성공한 인물이란 성공으로 가는 길의 많은 장애물을 극복한 사람들이다. 모든 사람의 삶은 장애물, 도전, 실패로 가득 차 있는 것이 보편적이다. 그러나 이러한 장애물을 어떻게 극복하느냐에 따라 개인이 차별화되고 성공의 길로 나아갈 수 있다.

꿈을 이루고 성공하여 행복한 삶을 살기 위해서는 건강한 마음이 필수적이다. 명석한 두뇌와 더불어 스스로의 정서와 인간관계를 다루는 심리적 역량이 함께하지 않는다면 성공적인 삶은 어렵다. 성공에 기여하는 건강한 마음과 정서적 역량의 구성 요소는 다음과 같다.

- 자기인식 self-awareness: 자신의 감정상태와 그 감정이 행동과 선택에 미치는 영향을 인지하고 이해하는 것을 말

한다. 자기인식은 학생들이 언제 가장 생산성이 높은지, 언제 주의가 산만해지기 쉬운지, 어떤 공부방식이 자신에게 가장 적합한지 파악하는 데 도움이 된다.

- 자기조절 self-regulation: 스스로의 정서와 행동을 조절할 수 있는 역량은 시간관리 문제나 긴박한 상황으로 인한 스트레스나 불안이 발생할 때 효과적이다. 자기조절은 학생들이 자신의 과제와 목표에 집중할 수 있도록 도와준다.
- 동기 motivation: 정서적 역량은 동기를 강화할 수 있다. 정서적 역량이 높은 학생은 내재된 동기를 활용하며 목표에 대한 의지와 열정을 유지하고, 목표 달성을 위해 시간을 더 잘 관리할 수 있다.

학생들의 기숙사 생활을 지원하는 글로벌선도원은 학생들이 정신건강과 정서적 역량을 조절하는 기술을 배울 수 있도록 돕는다. 학생들은 정서적 역량 프로그램을 통해 스트레스 관리 기술, 실패에도 불구하고 지속할 수 있는 회복탄력성, 변화하는 환경에 적응할 수 있는 적응력 등을 배운다. 정서적 역량 프로그램은 외부 전문가와 협력하여 또래 상담 프로그램, 심리적 웰빙 워크숍, 회복탄력성 워크숍, 심리검사, 심리상담 등의 기회를 제공한다.

또래 상담 프로그램에서 학생들은 서로에게 상담자 역할을 해줄 수 있는 방법을 배우며, 친구들 간에 공감적 의사소통과 정서적 지원을 주고받는 방법에 대한 지식과 기술을 실습한다. 특히, 해외캠퍼스에서 고립감을 느끼게 되는 경우 혹은 이질적인 문화 적응에 어려움을 느낄 때 또래 상담은 큰 도움이 된다. 또래 상담을 통해 학생들은 효과적으로 서로를 도울 수 있다.

태재대학교의 학업 커리큘럼은 엄격하고 까다로우며 학업 외 활동도 많다. 외국에서 공부할 때는 새로운 경험을 많이 하게 되므로 대학생활은 늘 바쁠 것이며, 이러한 요인들이 복합적으로 작용하여 스트레스와 번아웃을 유발할 수도 있다. 그렇기 때문에 학생들이 보다 균형 잡힌 행복한 삶을 살기 위해 시간관리 기술을 배울 수 있도록 워크숍을 개최한다. 이를 통해 수업, 과제, 학생회 활동, 개인 자유시간 활용 등에 자율적으로 시간을 배분하고 효율적으로 시간자원을 관리하여 최고의 생산성을 산출할 수 있는 기술을 습득하고 체험한다.

또한 대학생활은 즐거움으로 가득할 수 있지만 때때로 어려울 수도 있다. 학생들이 스트레스를 줄이고 건강을 보다 잘 관리할 수 있는 대처전략과 법을 배울 수 있는 회복탄력성 워크숍을 통해 어려움을 극복할 수 있도록 도와준다. 회복탄력성은 학생들의 학업생활에 도움이 될 뿐만 아니라 졸업 후에도 성공적으로 일하는 법을 익히게 해주고, 여러 가지 도전에 직면할 때 도움을 줄 것이다.

또한, 학생들이 어려움을 직면했을 경우 직접적으로 도움을 주기 위한 서비스도 준비되어 있다. 정서적 어려움을 느낄 때마다 자신의 문제가 무엇인지 정확히 진단받을 수 있는 각종 심리검사가 준비되어 있으며, 수시로 상담전문가와 면담을 통해 심리적 건강을 회복하고 유지할 수 있다.

글로벌 시민의식

많은 대학생들은 태재대학교의 글로벌 순환학습 같은 프로그램에 참여하고 싶어 한다. '세계 탐방'을 통해 재미있고 다양한 국제경험을 쌓을 수 있기 때문이다. 이러한 경험은 학생 개인에게 매력적인 측면으로 다가갈 수 있으나, 그것만이 태재대학교가 지향하는 글로벌 순환 및 탐방 프로그램의 핵심은 아니다.

성공적인 글로벌 리더로 성장하기 위해서는 우선 글로벌 시민으로서의 정체성을 이해해야 한다. 아무리 유능한 사람이라도 세계 역사와 미래의 인류에 관심을 갖지 않는다면, 글로벌 리더로 성장할 수는 없다. 글로벌 리더는 글로벌 시민의식을 가진 사람이다. 공감 능력, 문화적 감수성, 그리고 자신이 속한 커뮤니티를 넘어 배경이 다른 사람들을 이해하며 지구촌 사회에 긍정적인 영향을 미치고자 하는 태도와 역량이 필요하다. 학생들은 태재대학교의 글로벌 순환 프로그램을 통해 세계 주요 도시에서 이러한 역량을 직접 학습하며, 글로벌 시민의식을 강화한다.

기숙사에서 모두 함께 생활하는 태재대학교 학생들은 자연스럽게 환경지속성, 공동체주의, 글로벌다양성의 사회적 가치들을 실천하고 훈련할 수 있는 활동들을 스스로 기획하고 체험할 수 있다.

이러한 세 가지 사회적 가치 프로그램의 핵심목표는 학생들이 글로벌 시민으로서 인류 공동체에 소속감을 경험하고 형성하도록 하는 것이다. 다양한 활동을 통해 학생들은 공감, 연대, 이타주의, 차이에 대한 존중, 그리고 무엇보다 서로 연결된 글로벌 커뮤니티에 대한 사회적 책임심을 끼운다. 인류 공동체에 대한 책임감은 글로벌 시민이자 리더가 되는 과정에서 매우 중요한 요인이며, 이는 보다 정의롭고 포용적인 세상을 만드는 데 필요한 동기를 부여한다.

진로개발

"커서 무엇이 되고 싶나?"

이는 미국의 전 영부인 미셸 오바마가 아이에게 도움이 안 되는 가장 쓸모없는 질문 중 하나라고 말했다. 진로와 관련하여 학생들에게 묻는 유사한 질문도 마찬가지다. 이런 질문은 심리학자들이 '정체성 폐쇄'라고 부르는, 즉 '충분한 탐색 없이 다른 가능성을 닫아 버리는 현상'으로 이어진다. 너무 이른 시기에 학생들에게 장래희망을 묻는 질문은 진로, 자아, 성공에 대한 고정된 사고방식 fixed mindset 의 형성으로 이어질 수 있다. 선택의 폭을 좁히려 하지 말고 가능성을 넓히는 교육이 중요하다. 이러한 성장 마인드growth mindset는 태재대학교의 혁신적인 교육모델과 일치한다. 태재대학교는 자기주도적 학습과 창의적 문제해결 역량을 키워 학생들이 졸업 후 사회에서 아무도 가지 않은 새로운 길을 개척할 수 있도록 교육한다.

따라서 태재대 학생들은 의사나 법조인 등 진로와 관련하여 섣불리 한 가지 목표만을 미리 설정하고 준비하지 않아도 된다. 태재대학교는 학생이 졸업 후 어떤 '직업인'이 될 것인가가 아니라 어떤 '인재'가 될 것인가를 가장 중요하게 생각한다. 6대 핵심역량과 비교과 프로그램의 4대 핵심역량을 갖추어 각 분야에서 인류 발전에 기여하는 글로벌 인재로 성장시키는 것이 태재의 교육목표다.

인생의 초점을 자신에게만 맞추는 것은 바람직하지 않다. 한 인간으로서 완전한 삶을 살기 위해서는 다른 사람들이 원하는 것도 고려해야 한다. "내가 채울 수 있는 세상의 부족함은 무엇일까?"라는 질문이 더 큰 의미를 갖는다. 따라서 진로에 대한 질문은 특정 '직업'이 아닌 학생들의 꿈과 커리어 개발을 위한 '방향성'에 관한 것이어야 한다. 이에 답하기 위해서는 두 가지 측면, 즉 자신의 정체성(내가 채울 수 있는)과 현대 시대의 맥락(세상에 필요한 것은 무엇인가?)을 알아야 한다. 태재대학교는 학생들이 이 두 가지 질문에 대한 답을 찾을 수 있도록 도와주기 위해 다음의 프로그램을 제공한다.

(1) Next Answer Lecture Series와 멘토링

태재대학교는 세계적으로 각 학문에서 최고의 교수와 전문가로 꼽히는 분들을 초빙하여 학생들에게 주기적으로 강연과 멘토링을 제공한다. 이러한 경험은 학생들의 인생에 큰 감명과 영감을 줄 것으로 기대한다.

또한 학생들은 이 교수들과 언제든 개인적으로 소통하며 미래나 진로에 관련된 질문을 하고 조언을 구할 수 있다. 이러한 멘토링은 학생들에게 현재 시장과 트렌드, 그리고 미래에 해당 분야가 어떻게 변화될 수 있는지에 대해 현실적으로 파악하고 이해할 기회를 제공한다.

(2) 일의 의미와 가치 탐구

진로 탐색을 위해 일의 의미와 가치를 탐구한다. 일이란 무엇인지, 왜 사람이 일을 해야 하는지, 사회의 발전에 따라 일이 가지는 의미와 가치가 어떻게 변해 왔는지 등

현대인의 삶에 있어서 일의 의미를 탐색한다. 현대 사회에서는 많은 사람들이 일을 부담스러워하고 의무로 생각하는 등 일에 대해 부정적 의미를 부여한다. 반대로 개인 시간과 여가를 즐기는 것은 긍정적으로 생각하는데, 이는 일과 여가를 반대되는 것으로 생각하기 때문이다. 그러나 이 시대에 필요한 건전한 직업의식은 직업을 통해 경제적 성취를 이루는 것뿐 아니라 자아실현과 성취감도 얻을 수 있어야 한다는 것이다.

태재대학교의 교육목표는 학생들이 일의 목적을 인류의 미래와 지구의 지속성 등 글로벌 가치까지 확장하여, 세계를 위해 일한다는 자부심과 만족감을 느끼며 살아가게 하는 것이다. 학생들은 일의 의미를 이해하고, 일과 여가에 대한 통합적 사고방식을 개발하고, 일에 대한 동기를 점검하여 영향력 있는 글로벌 리더로 성장할 수 있다.

(3) 나의 희망직업 탐색하기

학생들 대부분은 자신이 관심 있는 분야와 하고 싶은 일에 대해 대략적인 구상을 하고 있다. 하지만 자신이 가지고 싶어 하는 직업이 정확히 어떤 일을 하고 어떤 역량이 필요한지 등 구체적인 현실에 대해서는 잘 모른다. 또한 학생들은 해당 직업을 통해서 무엇을 성취할 수 있고, 무엇을 얻을 수 있는지도 잘 알지 못한다. 많은 학생들이 이 시대에 유행하는 직업, 월급을 많이 주는 직업, 혹은 남들이 인정하고 알아주는 직업을 좇는 것이 현실이다.

희망직업 탐색 프로그램은 각종 직업의 실제 업무내용, 필요한 적성 및 태도를 파악하고, 그 직업을 갖기 위해 어떤 것들이 필요하며 준비되어야 하는지 탐색하는 과정이다. 자신이 이상적으로 원하는 직업과 자신에게 맞는 직업은 다를 수 있는데, 이러한 잠재적 격차를 해소하기 위하여 학생들은 이 프로그램을 통해 희망직업과 자신의 역량을 점검할 수 있다. 학생들은 자신이 원하는 직업에서 성공하기 위해 갖춰야 할 역량과 태도를 조사하고, 자기분석을 통해 자신이 이러한 요건을 현실적으로 충족할 수 있는지 판단한다. 이러한 객관적 평가와 분석활동을 통해 학생들은 자신의 희망직업을 현실적으로 찾아갈 수 있다.

또한 학생들이 탐색한 희망직업군에서 10년 이상 전문가로 일한 실무자들과의 멘토링과 현장 방문을 통해 학생들에게 관심 분야에 대한 구체적이고 실질적인 정보와 지식을 얻을 수 있는 기회를 제공한다.

(4) 글로벌 경쟁력 강화하기

태재대학교는 국제기구나 글로벌 기업들이 미래 인재를 양성하기 위해 개최하는 여러 경진대회, 훈련 프로그램, 공모전 등에 학생들이 참여하는 것을 지원한다. 태재대학교는 학생들이 졸업 전에 다양한 국제무대를 경험하여 글로벌 경쟁력을 갖출 수 있도록 모든 측면에서 적극적인 지원을 아끼지 않는다.

이러한 국제 경험을 통해 학생들 스스로는 자신의 미래 커리어를 위해 얼마나 준비되어 있는지 깨닫고, 비슷한 관심사와 사회적 가치를 지닌 동료들을 만나고 글로벌 네트워크를 형성하여 협력할 수 있는 기회를 얻게 될 것이다.

자기역량 프로그램	정서적 역량 프로그램	글로벌 시민의식 프로그램
· 정체성 프로그램 - 개인적 자아 확립 · 소속감 프로그램 - 사회적 자아 탐색 · 리더십 및 팀 빌딩 프로그램	· 또래 상담 프로그램 · 심리적 웰빙 워크숍 · 회복탄력성 워크숍 · 심리검사 · 심리상담	· 환경지속성 · 공동체주의 · 글로벌다양성

진로개발 프로그램
· 넥스트 앤서 멘토링
· 일의 의미와 가치 탐구
· 나의 희망직업 탐색하기
· 글로벌 경쟁력 강화하기

그림 10 – 태재대학의 비교과 프로그램

글로벌 리더로 성장

새로운 나라로 이민을 떠난 사람들이 성공적인 기업가가 될 가능성이 더 높다는 연구결과가 있다. 왜 그럴까? 낯선 문화적 규범을 가진 외국에 도착한 이민자들은 새로운 기술을 배우고, 새로운 관계를 구축하고, 다양한 비즈니스 관습에 적응해야 살 수 있기 때문이다. 새로운 환경이 주는 도전과 기회는 강한 회복탄력성과 적응력을 길러

준다. 이민자는 새로운 기회를 파악하고 활용할 수 있는 능력도 지니게 된다. 이러한 맥락에서 다국적 학생들이 함께하는 기숙사생활, 글로벌 캠퍼스, 그리고 새로운 교육방식 등 태재대학교는 성공에 필수적인 역량을 구체적으로 개발할 수 있는 환경이다.

태재대학교는 학생들에게 이러한 핵심역량을 머리뿐만 아니라 가슴과 행동으로 이어지게 만들어 학생들이 기후, 환경, 에너지 문제, 경제적 불평등, 인종차별, 인공지능, 사이버 보안 그리고 전쟁과 같은 복잡한 글로벌 이슈에 관심을 가지고 적극적으로 대응할 수 있도록 돕는다. 태재대학교 학생들은 깊이 있는 지식, 진정한 흥미, 그리고 인류와 지구가 직면한 과제 해결에 헌신하는 글로벌 리더로 성장할 것이다. 태재는 학생들이 자신의 잠재력을 최대한으로 발휘할 수 있도록 지원하여 세계의 조화와 미래 인류의 지속가능성을 추구하는 인재로 성장하도록 끊임없이 노력하고 있다. 온 인류가 행복한 세계를 만들어 가는 것이다.

Chapter 7

태재의 액티브 러닝

Stephen M. Kosslyn
Elizabeth P. Callaghan

Stephen M. Kosslyn

Active Learning Science Inc. 대표. 스탠퍼드대학교에서 심리학 박사학위를 취득하였으며, 하버드대학교 사회대학 학장과 미네르바대학교 초대 학장을 역임했다.

Elizabeth P. Callaghan

태재대학교 혁신기초학부장. 서던캘리포니아대학교에서 영문학 박사학위를 취득하였으며, 파운드리칼리지 학장 등을 역임하였다.

태재대학교의 인재 양성은 기존의 강의식 교육보다 학습 성과를 크게 높이는 액티브 러닝에 기반을 두고 있다. 액티브 러닝이란 '활용을 통한 학습 Learning by Using'을 의미하는데, 이는 학생의 학습 성과를 높이기 위한 기술과 지식을 함께 이용하는 방법이다. 액티브 러닝은 심층 처리 Deep Processing, 묶음 Chunking[1], 연상 聯想, Associations, 이중 코딩 Dual Coding, 그리고 의도적 연습 Deliberate Practice이란 다섯 가지 원칙을 근간으로 하는데, 이들은 각각 자료를 더 잘 기억하고, 이해하고, 또 적용하는 데 도움을 준다. 그리고 태재의 플립형 액티브 러닝 시스템 Taejae Active Learning System, TALS은 학생의 적극적 수업 준비와 참여, 그리고 정기적 평가를 위해 고안된 새로운 모델이다. 이는 학습 효과를 높이는 앞의 5가지 원칙에 바탕을 두면서,

---

[1] 묶음 Chunking: 기억 용량을 확대시키기 위해 기억해야 할 정보를 서로 의미 있게 묶는 인지 과정을 뜻한다.

더 나아가 학생들이 실제 상황에서 탁월한 능력을 발휘할 수 있도록 도와주는 태재 교육의 바탕이다.

들어가며

태재대학교의 독특한 특징 중 하나는 모든 교육과정이 액티브 러닝을 중심으로 구성되어 있다는 점이다. 액티브 러닝을 태재의 핵심으로 삼은 이유는 무엇일까? 간단히 말해 액티브 러닝이 전통적인 학습보다 더 효과적이기 때문인데, 실제로 수많은 실증 연구를 통해 액티브 러닝은 기존의 강의식 교육보다 더 나은 학습 성과를 얻을 수 있다는 것이 입증된 바 있다. 과학, 기술, 공학, 수학 Science, Technology, Engineering, Mathematics, STEM 교육에 대한 225개 연구를 메타 분석한 결과, 전통적인 교수법에 비해 액티브 러닝의 결과가 훨씬 우수한 사실은 이미 잘 밝혀졌다(Freeman et al., 2014).

연구 분석에 따르면, 액티브 러닝을 통해 평균 성적은 B⁻에서 B⁺ 정도로 올라갔다. 그리고 전통적인 강의에서의 실패율은 액티브 러닝에서 관찰된 경우보다 55% 더 높았다. 데이터는 특히 불우한 배경을 가진 학생, 혹은 남성이 지배적인 환경에 있는 여학생에게 액티브 러닝이 좀 더 큰 혜택을 준다는 사실을 보여 준다. 교육에서 전통적인 강의를 계속 사용하는 일을 다시 생각해야 함은 너무도 당연하다.

추가 연구들은 액티브 러닝의 장점이 STEM 분야를 넘어서도 적용된다는 사실을 입증한다. 다양한 분야에서 액티브 러닝은 자료를 잘 파악하고, 유지하고, 또 적용할 수 있는 학습자의 능력을 향상시켰다(예: Michael, 2006; Wieman, 2014, 2017). 그러면 '액티브 러닝'이란 정확히 무엇일까? 이는 간단히 말해 학습 성과를 올리기 위한 지식 knowledge과 방법 skill을 사용하는 것이다. 무엇을 배워야 하는지를 의미하는 학습 목표는 구체적으로 학습을 통해 달성하는 실제적 성과로 이어져야 한다. 액티브 러닝은 학생들이 특정 학습 목표를 달성하는 데 도움이 될 자료 작성 등에 적극 참여하는 활동을 포함해 설계된다.

연구자 및 교수는 '액티브 러닝'이라는 용어를 다양한 측면에서 사용하고 있다. 그러나 여기서 우선 그 의미를 좀더 명확히 하면, 액티브 러닝이란 '활용을 통한 학습 Learning by Using'이다. 이는 일반적으로 많이 언급되는 '수행을 통한 학습 Learning by Doing'과는 매우 다르다. 액티브 러닝에서는 교수가 학습 목표를 달성하기 위해 학생들이 반드시 이해해야 하는 콘텐츠를 처음에 제시하지만, 학생들은 단순히 수동적으로 강의를 수강하며 이를 흡수하지는 않는다. 오히려 콘텐츠를 접한 학생들은 어떤 식이든 이를 활용해야 한다. 예를 들어, 토론을 준비하거나, 자료를 설명하는 팟캐스트를 만들거나, 혹은 특정 문제를 해결하는 콘텐츠를 사용해야 한다. 학생들은 학습 목표 달성에 도움이 되도록 콘텐츠를 사용하며, 따라서 어떤 활동을 해야 좋을지는 학습 목표에 따라 결정될 것이다(참조: Ambrose et al., 2010; Bonwell & Eison, 1991; Lombardi et al., 2021; Mello & Less, 2013; Teagle Foundation, 2016).

'수행을 통한 학습'에서도 개방형 토론, 발견 학습, 탐구 기반 학습, 그리고 체험 같은 활동도 포함된다. 그러나 이러한 활동은 특정 학습 목표와 밀접하게 연계되는 경우가 드물고, 특히 비구조화된 활동은 효과적인 학습 수단이 되기 어렵다(Kirschner, Sweller, & Clark, 2006; Mayer, 2004). 하지만 학습 목표에서 시작하여 적절한 배경지식을 제공하고 목표에 맞게 설계하면 이러한 유형의 활동 중 상당수도 '활용을 통한 학습'으로 전환할 수 있다.

액티브 러닝의 원리

액티브 러닝에 대해서는 학습과 기억에 관한 방대한 참고문헌이 있다(예: Gazzaniga, Ivry, & Mangun, 2018; Smith & Kosslyn, 2006). 알려진 내용들을 5가지 원칙으로 정리해 태재의 액티브 러닝을 소개한다.

원칙 1: 심층 처리

심층 처리 Deep Processing 는 정보에 대한 인지적 참여가 늘어나면 해당 정보를 더 많이 그리고 더 오래 머릿속에 간직할 수 있다는 사실에 기초를 둔다. 즉, 학생이 정보에 주의를 기울이고 깊이 생각할수록 학습성과가 높아진다는 것이다(예: Craik & Lockhart, 1972; Craig et al., 2006; Kosslyn,

2017). 예를 들어, 하루를 마무리할 때 사람들은 자신이 경험한 일을 그때그때 외우려 하지 않았음에도 불구하고 하루 동안 일어난 일을 모두 기억할 수 있다. 그러나 이들에 대해 다시 한번 주의를 기울이고 무슨 일이 있었는지 생각하는 단순한 행위가 더해지면, 그 정보는 기억 속에 더욱 철저히 저장된다. 이 원칙은 교수가 학생들에게 강의 내용을 재차 정신적 처리 mental processing 할 수 있는 기회를 제공해야 한다는 것을 의미한다. 학생들이 정보에 대해 정신적 처리를 더 많이 할수록 이를 오랫동안 유지할 가능성은 높아진다.

여기에서 중요한 점은 기억할 정보의 성격에 따라 학생이 수행할 정신적 처리 유형이 결정되어야 한다는 사실이다(Morris, Bransford, & Franks, 1977). 생물학 수업에서 교수는 학생에게 유사분열 mitosis 과 감수분열 meiosis 을 비교하고 대조하는 강의를 할 수 있다. 이 과제에 필요한 정신적 처리를 위해서는 우선 학생들이 두 과정의 유사점과 차이점을 식별해야 한다. 이를 통해 학생은 각 과정의 특징과 서로의 관계를 기억할 가능성이 높다. 또 다른 예로, 심리학 과목에서는 교수가 학생에게 프로이트 Freud 가 발견한 다양한 방어기제defense mechanism에 속하는 시나리오를 분류하는 강의를 할 수 있다. 이때의 정신적 처리는 학생이 각 방어기제의 특징을 고려하고 실제 사례에서 이러한 특징을 구별하며, 이를 통해 행동에서 식별하는 데 능숙해지도록 유도하는 것이다.

이는 액티브 러닝이 단순히 강의를 듣는 것과 같은 수동적 방법보다 효과적인 이유의 핵심이다. 심층 처리는 학생들이 콘텐츠와 의미 있게 상호 작용하도록 유도하여 지속적인 학습으로 이어지는 과정이다. 심층 처리를 위해서는 콘텐츠의 의미 있는 측면에 주의가 집중되도록 유도하는 학습 환경이 중요하며, 학생이 핵심 자료에 적극적으로 참여할 때 성과는 더욱 높아진다. 암기를 넘는 심층 처리는 명확한 목표가 있는 학습에서 모든 형태의 필수적 지식 습득과 기술 개발에 적용된다.

태재대학교에서는 심층 처리를 모든 수업 설계의 근간으로 삼고 있다. 가장 자주 사용되는 강의 구조는 사전에 제시된 콘텐츠 학습과 비교적 짧은 콘텐츠 전달 섹션에 이어, 설명한 내용에 대한 심층 처리를 유도하기 위해 특별히 고안된 능동적 학습 활동이다(이 구조에 대해서는 이어지

Breakout Group 1

Please read the list of problem statements on the next slide. Analyze whether each is an effective problem statement, meaning that it meets all five criteria for having "idea finding potential":

- It invites ideas by being framed as a question.
- It identifies the issue that needs to be addressed(i.e., the gap between desired and current states).
- Is concise.
- Locates ownership.
- Is free of criteria.

If it does not meet all five criteria, specify which of the five criteria it meets and which of the five criteria it does not meet.

그림 11 – '문제 서술'에 대한 분석

는 '묶음' 섹션에서 더 자세히 설명할 것이다). 전통적인 강의 과정과 달리 태재의 초점은 '듣기'가 아닌 '활용'에 있다. 학습은 실제로 콘텐츠 전달이 아닌 활동 중에 일어난다.

이 과정을 설명하기 위해 기초 과정에서 다루는 '창의적 문제해결 Creative Problem Solving' 강의를 예로 들어 보자. 이 과정에서 학생들은 우선 문제가 무엇인지를 찾아내고 이를 서술해야 할 것이다. 즉, 이 수업의 학습 목표는 '효과적인 문제 서술 effective problem statement'이다. 이를 위해 먼저 학생들은 효과적인 문제 서술의 특징에 대해 들은 후 그림 11과 같이 활동에 참여한다.

여기에서는 우선 학생들로 하여금 주어진 기준에 따라 각 '문제 서술'을 분석하게 한다. 그 후 콘텐츠에 적극적으로 참여해서 비판적으로 사고하도록 유도한다. 그리고 학생들은 효과적인 '문제 서술'의 개념을 이해한 다음 이를 바탕으로 각 서술을 다시 음미해야 한다. 각 기준에 따른 '문제 서술'을 비교하고 대조하는 일은 더 많은 정신적 처리를 유도하고, 또 어떤 기준이 충족되고 어떤 기준이 충족되지 않는지 식별하는 것은 학생들이 '문제 서술'의 효과 또는 비효과적인 요소를 이해하는 데 도움이 된다. 이 활동은 단순히 효과적인 '문제 서술'의 기준을 기억하는 것이 아니라 이 지식을 적용하는 것이다. 지식을 적용하려면 심층적인 처리가 필요하며, 이는 더 나은 이해와 장기적인 기억 유지를 촉진한다.

심층 처리를 유도하기 위해 사용하는 다른 활동의 예는 다음과 같다.

사례 연구 학생들에게 실제 시나리오가 제시되고, 학생들은 자신의 지식을 적용하여 상황을 헤쳐 나가야 한다. 이를 통해 개념을 더 깊이 이해할 수 있다.

되돌아보는 에세이 Reflective Essay 학생들이 자신의 학습 경험을 돌아보면서 더 넓은 주제 및 개인적인 이해와 연결하여 에세이를 작성하는 일.

생성 활동 학생들이 다양한 개념의 예를 직접 생성하여 개념과 그 특징에 대해 깊이 생각하도록 유도.

목표 설정 및 토론 학습 목표를 염두에 두고 토론하려면 학습자는 개념에 대해 듣고 말하는 것에 대해 정신적 과정을 수행해야 한다.

원칙 2: 묶음

묶음 Chunking 은 정보를 관리 가능한 단위, 즉 묶음으로 구성하여 보다 효과적으로 처리하고 기억할 수 있도록 하는 인지적 전략이다. 예를 들어, '111222'는 인접한 숫자의 유사성에 따라 두 개의 묶음으로 구성한다. 'XXX XXX'는 글자의 근접성에 따라 두 개의 묶음으로 되지만, 'XX XX XX' 같으면 세 개의 묶음으로 구성한다. 중요한 것은 구성 요소의 개수가 아니라 이를 묶어서 그룹화하는 것이다. 인간의 인지 대역폭은 주어진 시간에 3~4개의 묶음만 처리할 수 있도록 제한되어 있다(Cowan, 2001). 그러나 이러한 묶음을 더 큰 단위 내에서 계층화하면 우리의 정신적 처리 능력은 크게 늘어날 수 있다. 묶음의 힘을 보여 주는 인상적인 예는 카네기멜론대의 한 연구에서 학습자가 개인 마라톤 기록을 이용해 숫자를 의미 있는 묶음으로 분류하여 숫자 기억력을 확장한 결과, 최대 79개의 무작위 숫자 목록을 기억할 수 있게 된 사례다. 일반적으로 인간의 두뇌는 고립된 데이터 포인트보다는 구조화된 정보를 인코딩하고 처리하는 것을 선호한다. 따라서 계층적 정보 묶음을 구성하여 보다 쉽게 탐색하고 기억할 수 있도록 하는 것은 아주 효과적인 학습 방법이다.

이 원칙을 활용하는 방법의 예는 다음과 같다.

세분화된 강의 각 강의의 주제를 더 작고 소화하기 쉬운 부분으로 나누어 학습자가 한 번에 한 가지 측면에 집중할 수 있도록 한다.

마인드 매핑 mind mapping 정보를 시각적으로 표현하는 것으로, 한 장마다 관련 데이터를 묶어 나타낸다.

플래시 카드 flash card 학습 자료를 플래시 카드로 구성하여 각 카드에 한 묶음의 정보를 담아 집중적으로 학습할 수 있도록 한다.

원칙 3: 연상

연상聯想, Associations의 원칙은 새로운 정보를 기존 지식과 연결하는 과정의 중요성을 강조한다. 이러한 연결은 자료의 초기 이해에 도움이 될 뿐만 아니라 장기 기억 유지와 검색 능력을 향상시킨다(예: Custers, 2010). 연상은 새로운 콘텐츠를 구조화 및 해석하고, 기억에 포함시키고, 나중에 액세스할 수 있는 단서를 제공하는 등 여러 수준에서 작동하게 된다. 예를 들어, 시간차를 두고 시행하는 간격 학습의 효과는 나중에 기억할 수 있도록 여러 단서를 심어 주는 다양한 콘텍스트에 기인한다(참조: Kooloos et al., 2019). 인공지능AI과 같은 기술을 활용하여 다양한 맥락에서 콘텐츠에 반복적으로 노출되면, 이러한 연상이 강화되어 학습자의 기억 속에 자료를 확고히 남겨 둘 수 있다.

교수는 강의에서 연상을 사용하며, 동시에 학생 스스로가 연상을 구축하도록 권장해야 한다. 경우에 따라서는 이전 개념을 바탕으로 학생이 이미 학습한 내용을 새로운 아이디어와 연결시켜 설명하면 바람직하다. 또한 학생의 사전 지식을 바탕으로 한 비유를 사용하여 개념을

A garden	A society
Plants and animals: · Trees · Flowers · Insects · Rodents	Institutions: · Education · Family · Religion · Government
Ecosystem processes: · Water cycle · Food chain · Soil quality · Climate	Structures: · Gender roles · Economic system · Cultural norms · Language

그림 12 - 유사점을 이용한 연관성 구축

설명하고 이해도를 높여야 한다. 예를 들어, '사회 시스템 탐색'이라는 강의에서는 사회 제도와 시스템에 대한 사회학적, 인류학적 개념을 설명하기 위해 그림 12에서 보는 것처럼 학생은 고등학교 생물학에서 배운 이전 지식을 활용할 수 있다.

여기에서 사회 기관, 즉 학교, 가족 그리고 교회 등을 정원에 있는 개별 식물이나 동물에 비유하면서 교수는 연상을 유도할 수 있다. 그리고 각 식물이나 동물은 열매, 그늘 또는 꽃가루받이 같은 고유한 특성 및 역할을 가지고 있는 바, 이를 사회의 각 기관과 연결시키면 이들도 각각 고유한 방법, 목표, 그리고 영향력을 가지고 있음을 용이하게 인지할 수 있다. 사회 구조는 이러한 식물이 존재하는 생태계의 과정과 유사하다. 이러한 과정에는 물의 순환(강우량 등), 먹이사슬(어떤 동물이 어떤 식물을 먹는지 등), 토양의 질 그리고 기후 등이 포함된다. 사회 내에서 제도가 상호 간의 작용 방식을 결정하는 것처럼 생태계는 식물이 성장하고, 상호 작용하며, 공존하는 방식을 결정한다.

생태계가 식물 간의 상호작용을 지배하여 꽃가루받이, 종자 분산, 영양분 순환 등을 촉진하는 것처럼, 사회 구조는 기관 간의 상호작용을 지배한다. 예를 들어, 토양과 같은 문화적 규범은 가족(꽃), 교육 시스템(나무) 및 기타 기관의 성장에 영양을 공급하고 지원한다. 경제 시스템(예: 수자원)은 이러한 기관이 기능하고 번성하는 데 필요한 자원을 제공한다.

이 원리를 위해 사용하는 다른 활동의 예는 다음과 같다.

주제별 교수법 학생이 다양한 과목과 주제를 통합된 개념 아래 서로 연관시킬 수 있도록 주제를 중심으로 커리큘럼을 설계하는 일.

연상 기호 mnemonic devices 학생이 복잡한 정보를 연상하고 기억하는 데 도움이 되는 약어 또는 문구를 만드는 일(Foer, 2011).

원칙 4: 이중 코딩

이중 코딩 Dual Coding 이론에 따르면 사람들은 정보를 두 가지 이상의 형식(일반적으로 언어 및 시각적 형식)으로 접했을 때 더 잘 이해하고 기억한다. 정보 처리에 대한 이중 채널 접근 방식은 여러 정보 흐름을 처리하는 뇌의 능력을 활용하는 것이다. 이중 코딩은 언어 및 시각-공간 기억 시스템을 모두 사용함으로써 보다 강력한 정보 인코딩, 즉 지식의 개념화를 가능케 한다(Kosslyn, 1994; Mayer, 2009; Mayer & Moreno, 2003; Paivio, 1971).

예를 들어, 학생이 배운 지식을 그림으로 시각화하고 또 문자로 기술하면 서로를 강화하는 다양한 인지 기능 덕분에 더 깊은 학습으로 이어진다. 시각화에는 언어적 이해와 정신적 이미지의 통합이 필요하기 때문에, 학생들로 하여금 마음속에 시각적 이미지를 만들도록 유도하는 것은 기억에 강력한 영향을 미칠 수 있다. 이중 코딩은 교수와 학생 모두 사용할 수 있다. 교수가 가르치고자 하는 개념을 뒷받침하는 시각적 자료를 추가하면 학생은 정보를 인코딩하는 데 도움이 되는 여러 채널을 활용할 수 있다. 마찬가지로 이중 코딩을 활용한 작품 제작을 요구하면 학생은 여러 채널을 통해 정보를 기억하고 처리하기 때문에 더 깊이 있게 이해할 수 있다.

태재대학교에서는 이중 코딩을 교수진에게도 활용하고 있다. 교수진은 콘텐츠를 전달할 때 가르치는 개념을 강화하는 시각적 보조 자료를 자주 사용하고 있다. 예를 들어, 그림 13에서 볼 수 있듯이 비판적 사고와 합리적 사고 Critical and Rational Thinking 과목에서는 학생들이 다양한 논리적 오류 사이의 관계를 이해할 수 있도록 시각적 구성 요소를 사용한다.

그림 13은 '비관련성 오류 Fallacies of Irrelevance'를 소개할 때 사용되는 두 개의 슬라이드를 보여 준다. 먼저, 교수는 비관련성 오류가 다른 오류와 어떻게 연결되는지 공간적으로 표현한다(예: 요점 상실 Missing the Point 의 한 하위 집합으로, 그 자체가 이미 여러 오류 유형 중 하나다). 이는 학생에게 이중

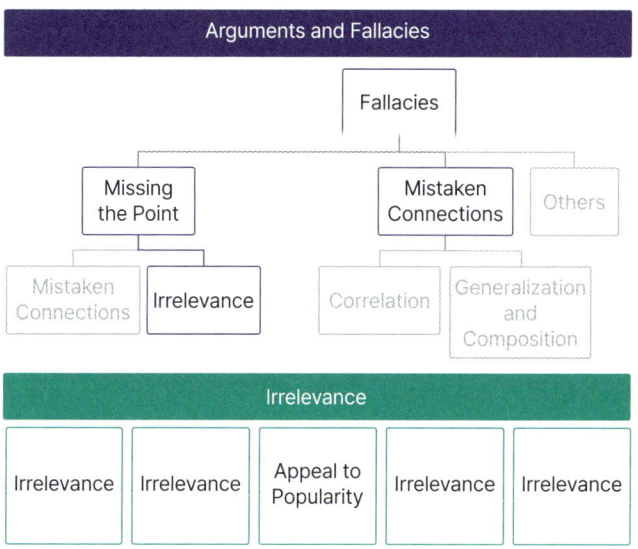

그림 13 – 비판적 사고와 합리적 사고의 두 가지 슬라이드

코딩을 제공할 뿐만 아니라, 이전의 연상(원칙 3)을 활용하여 학생은 새로운 정보를 이미 학습한 내용과 연결할 수 있다. 더 세분하면, 교수는 다양한 비관련성 오류를 시각적으로 정리하여 학습자가 서로 어떻게 관련되어 있는지 확인할 수 있도록 한다. 교수는 시각적 콘텐츠와 언어적 콘텐츠를 모두 제공함으로써 학생이 학습하는 정보를 정리하고 기억할 수 있는 더 많은 방법을 제공한다.

학생에게는 그림 그리기 등 시각적 표현을 요청하여

이중 코딩을 활용하게 만드는 경우가 많다. 학생에게 시각적 및 언어적 수단으로 학습한 내용을 표현시키면, 학생은 개념을 시각적 형태로 변환해야 하기 때문에 학습한 내용을 강화하고 더 깊이 있게 처리할 수 있다(원칙 1). 예를 들어, '다양성, 공감, 글로벌 시민의식 Diversity, Empathy, and Global Citizenship' 강의에서라면 학생들은 다양성의 차원(인종과 민족, 성별과 섹슈얼리티, 사회경제적 지위, 장애 등)이 어떻게 연관되어 있는지를 나타내는 포괄적인 개념 지도 concept map를 작성한다. 학생들은 다양성의 차원에 대해 학습한 내용을 바탕으로 각 차원과 관련된 주요 개념을 파악한 다음, 이들 간의 교차점과 중첩점을 찾는다. 이 과정을 통해 학생은 다양성의 여러 측면이 실제 삶에서 어떻게 나타나는지 깊이 생각하고, 교차점이 다양성의 차원을 복합적으로 구성하는 방식을 파악할 수 있다. 그림 14는 학생의 개념 지도의 예를 보여준다.

이 개념 지도에서 학생은 배운 내용을 새로운 시각적 그룹으로 종합하여 다양성 측면에서 유사점과 차이점을 지적하고 이를 여러 범주로 그룹화했다. 이 학생은 종합 토론에서 "제가 요약한 차원들 간의 유사점과 차이점을

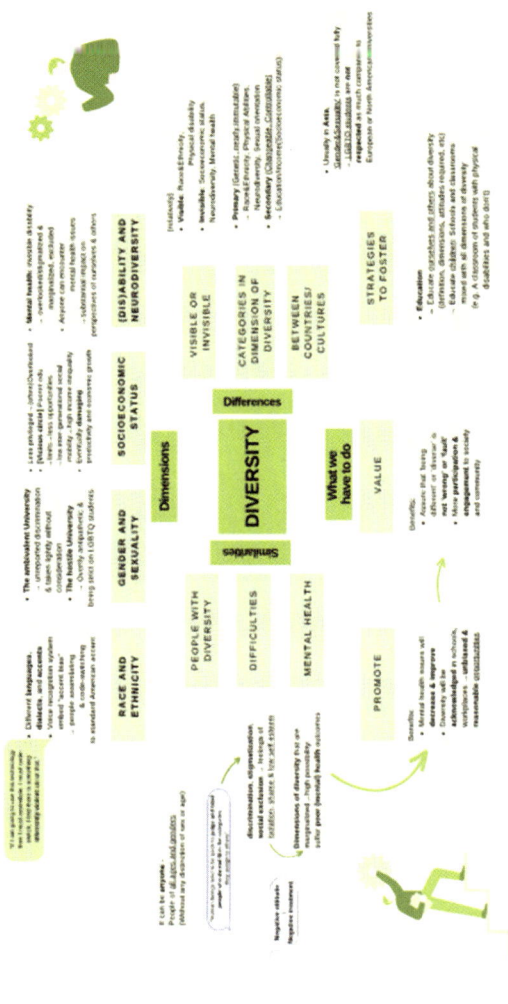

그림 14 – 학생의 개념 지도

파악하기로 결정했습니다. … 그 차원들 사이에는 중요한 연결 고리가 있었습니다. 그래서 인과관계를 나타내는 화살표를 사용했습니다"라고 이야기했다.

이 원칙이 적용된 다른 예는 다음과 같다.

인포그래픽 텍스트와 그래픽 요소를 결합하여 정보를 표현하고, 언어적 학습 경로와 시각적 학습 경로를 모두 활용한다.

멀티미디어 프레젠테이션 프레젠테이션에 비디오, 이미지, 텍스트를 조합하여 다양한 감각 채널을 통해 학습을 강화한다.

역할극 role playing 학생은 언어적 상호작용과 시각적 단서를 결합한 시나리오를 연기하여 기억력과 이해력을 향상시킨다.

원칙 5: 의도적 연습

의도적 연습 Deliberate Practice 은 과제의 가장 어려운 측면에 주의를 집중하는 액티브 러닝 방식이다(Brown, Roediger, & McDaniel, 2014; Ericsson, Chase, & Faloon, 1980;

Ericsson, Krampe, & Tesch-Romer, 1993). 이 원칙은 기술이나 지식 습득에 있어 목표가 뚜렷한 연습의 역할을 강조하는 것이며, 여기서 얻는 피드백은 약점을 파악하고 이를 극복하는 데 매우 중요하다. 여기에는 수행, 피드백 받기, 쓰기 또는 지식 개선의 사이클이 포함되는데, 피드백은 구체적이고 실행 가능해야 한다. 의도적 연습은 학습자가 자신의 심리적 안전지대 comfort zone 를 넘어 실수를 직시하고 실수로부터 배우도록 장려한다. 이 과정은 어려울 수 있지만 궁극적으로 더 큰 역량과 자신감으로 이어진다. 의도적 연습은 단순한 행동의 반복이 아닌 신중한 노력이며, 이러한 마음가짐은 이를 강력한 학습 도구로 변화시킨다.

 피드백은 액티브 러닝의 필수 요소이며(Hattie & Timperley, 2007; Kluger & DeNisi, 1998), 태재대학교에서는 모든 수업에서 학생들이 의도적 연습에 참여할 수 있도록 피드백을 제공한다. 교수는 종종 학생들로서는 크게 염려 없는 피드백을 주어야 한다. 이러한 상황이면 학생들은 자신의 성적을 걱정하지 않으면서 자신의 지식을 다지는 액티브 러닝을 수행할 수 있다. 그리고 아직 더 노력해야 할 부분에 집중하고 이미 성취한 것에 대한 학습 동기를 강화할 수 있다. 각 수업에서 학생들은 '수업 전 점검' 퀴즈를 풀고, 그 자리에서 설명과 함께 즉각적인 피드백을 받을 수 있다. 그 결과 학생들은 수업 전에 자료에서 배운 내용을 검토하고 개념을 잘못 이해했는지 확인할 수 있다. 이러한 점검은 참여도에 따라 채점되므로, 학생이 노력을 기울여 점검을 완료하면 만점을 받을 수 있다. 학생은 오답을 해도 평가에서 손해를 보지는 않지만, 자신이 놓친 부분을 발견하고 개선하기 위해 노력할 수 있다. 마찬가지로, 수업이 끝나면 학생에게는 방금 배운 내용에 대한 질문에 답하는 '개념 점검'이 있다. 수업 전 점검과 마찬가지로 학생은 즉각적인 피드백을 받으므로 수업 후에도 완전 이해가 어려운 지식에 액티브 러닝을 집중할 수 있다.

이 원칙의 다른 활용 예는 다음과 같다.

목표 기술 훈련 어려운 영역을 다루도록 설계된 연습을 통해 액티브 러닝 원칙을 수행한다.

동료 검토 세션 학생들이 특정 기준을 사용하여 서로에게 피드백을 제공함으로써 집중적으로 개선할 수 있다.

시뮬레이션 학생이 액티브 러닝 원칙을 연습하고 성과에 대한 즉각적인 피드백을 받을 수 있는 시뮬레이션 환경에 참여한다.

태재 액티브 러닝

태재대학교에서는 액티브 러닝의 원리를 바탕으로 설계된 새로운 형태의 교육을 개발하고 있다. 이 새로운 방식은 학생들과 교수진의 피드백을 받으면서 조정 중이지만 이미 큰 윤곽은 명확하다. 이 교수법은 '플립형 교실'에서 비롯되었는데, 이는 전통적으로 수업 중에 하던 일을 수업 시작 전에 먼저 수행하고 수업 후에 하던 일을 오히려 수업 중에 하는 방법이다. 즉, 플립형 교실에서는 대부분의 콘텐츠 전달이 수업 전에 이루어지며(예: 녹음된 강의 또는 읽기), 학생들은 수업 시간에 숙제(예: 문제 해결 및 연습)를 위해 시간을 할애한다. 즉, 학생들이 수업 전에 수동적인 부분(예: 강의 듣기 또는 자료 읽기)은 스스로 하고, 능동적인 부분은 교수와 동료가 도움을 줄 수 있을 때 하는 것이다.

플립형 강의실은 몇 년 전 한동안 유행했지만 이제는 조금 시들해진 듯싶다. 플립형 교실은 사려 깊은 분석과 예리한 관찰에 뿌리를 둔 훌륭한 아이디어인데 어떻게 된 일일까? 이 방법에 대한 열정이 사라진 이유는 간단하다. 연구(및 개인적인 경험)에 따르면 많은 학생들이 수업 전에 필요한 작업을 하지 않는 등 약속을 지키지 않기 때문이다(Horn et al., 2019). 이는 플립형 교실에서 특히 문제가 되는데, 학생들이 수업 전에 주어진 작업을 하지 않으면 수업에 참여해서 얻는 것이 거의 없기 때문이다. 연구 결과에 따르면 플립형 교실이 실제로 효과적이기 위해서는 학생들이 수업 전 교재 학습에 많은 시간을 할애하고 수업 중에는 토의 등에 더 적극적으로 참여해야 하는 것으로 나타났다. 플립형 강의의 이론적 근거와 동기는 타당하지만 실제는 예상보다 유용하지 않은 것이 현실이다 (Kapur et al., 2022).

학생들이 준비 작업을 열심히 하지 않는다는 사실을 처음 발견했을 때, 필자들은 이를 고백한 십여 명의 학생들과 이야기를 나누면서 왜 이들이 제대로 준비하지 않을까 궁금해졌다. 게으르거나 너무 정리가 안 되어 있기 때문에 필요한 독서나 다른 작업을 못 한 것일까? 일부 그럴 수도 있겠지만, 광범위한 인터뷰를 통해 더 흥미로운 사실을 알게 되었다. 학생들이 수업 선에 새로운 사료를 읽는 일이 어려운 이유는 자료를 정리하는 방법을 모르고, 무엇이 가장 중요한지 모르며, 또한 읽은 자료의 다양한 측면이 어떻게 서로 연결되는지 모르기 때문이었다.

학생들은 주의 깊게 살펴야 할 부분과 대충 훑어볼 수 있는 부분을 구분하는 데 어려움을 겪으며, 익숙하지 않은 어휘가 많았고, 또 텍스트를 이해하는 데 필요한 배경지식이 부족했다. 그 결과 학생들은 텍스트를 읽는 데 지나치게 많은 시간을 소비하고도 불완전하고 모호한 의미만 파악하는 경우가 많았다. 결국 많은 학생들이 주어진 자료 읽기를 미루는 것은 당연한 일이다. 강의를 다 듣고 이해를 해야만 세부 사항을 충분히 파악할 수 있기 때문이다. 안타깝게도 마지막 순간까지 읽기를 미루고 이를 벼락치기로 행하기에 학습 성과 부진이란 결과로 이어진다는 사실을 우리는 파악했다.

이러한 성찰을 통해 우리는 플립드 러닝Flipped Learning 방식을 수정하여 '태재 액티브 러닝 시스템Taejae Active

Learning System, TALS'을 고안했고, 이를 다음과 같이 실행하고 있다.

TALS의 첫 번째 단계는 학생들이 해당 주제가 왜 흥미롭고 중요한지 이해하고(따라서 학습 동기를 부여하고), 다가올 강의를 이해할 수 있도록 충분하게 준비 자료를 흡수하는 것이다. 자료는 학생들이 큰 어려움 없이 이해할 수 있을 만큼 이해하기 쉽고 명확해야 하며, 대부분의 경우 비교적 짧아야 한다. 이 단계는 일반적인 플립형 강의처럼 학생들이 책이나 자료를 읽거나 비디오를 시청하는 등의 방법으로 다가오는 수업을 준비하는 과정이다. 하지만 태재대학교에서는 학생들에게 자료의 일부(예: 생물학 주제에 대한 가장 기초적인 자료) 혹은 비교적 피상적인 내용(예: 소설을 읽을 때)만을 파악해도 무방하다고 일러 준다. 학생들은 원하는 경우 최소한의 분량만 살펴보아도 좋다.

TALS의 두 번째 단계는 수업 중에 이루어진다. 수업은 학생들에게 미리 주어진 자료의 하위 집합에 대한 짧은 퀴즈로 시작되며, 그다음은 콘텐츠 전달 세션으로 이어진다. 여기에 퀴즈를 도입하는 이유는 학생들이 첫 단계에서 준비 자료에 참여할 수 있도록 동기를 부여하는 과정이 중요하기 때문이다. 이를 통해 학생들은 수업이 시작될 때 자료를 깊이 있게 파악해야 질문에 답할 수 있다는 사실을 알게 된다. 예를 들어, 학생에게 특정 개념을 설명하도록 요청하거나, 파악한 자료 중에 가장 중요하다고 생각되는 점, 혹은 해당 자료가 지난주 수업에서 다룬 내용과 어떤 관련이 있는지에 대한 설명을 요청하는 식이다. 이때 주어진 자료에 대해 답변을 듣고 싶은 질문을 공식화할 수 있다. 질문은 수업의 첫 2분 동안 제시되는데, 이러한 액티브 러닝은 학생들이 자료를 깊이 있게 처리하도록 이끌어서, 이들을 수업에 성실하게 임하게 만든다.

수업에서 콘텐츠를 확인하는 목적은 학생에게 자료를 정리할 수 있는 인지적 구조를 제공하는 것이다. 두 번째 단계, 즉 수업 중에는 토론, 롤플레잉 게임, 문제 해결과 같은 소그룹 액티브 러닝 연습이 포함되며, 이후에는 질의응답을 통한 정리 토론이 이어진다.

TALS의 세 번째이자 마지막 단계는 수업 후 과정이다. 이제 학생들은 할당된 모든 자료를 심도 있게 흡수해야 하는데, 이때도 평가를 위한 준비 과정임을 알려줌으로써 인센티브를 제공하고 있다. 이 경우 한두 번의 평가가 아니라 두 주에 한 번씩 더 자주 '진도 점검'을 실시하는 등, 매 평가는 비중은 낮추고 빈도는 높였다. 요컨대, 태재대학교는 액티브 러닝의 다섯 가지 원칙을 조합하여 이를 최대한 활용하는 수업으로 교육 시스템을 구축했다. 태재의 목표는 학생들이 학습한 내용을 시험 때만 되새기는 것이 아니라, 이를 졸업 후 사회활동에서도 활용할 수 있도록 지식과 지혜의 근육을 키우는 것이다.

마치며

태재대학교의 액티브 러닝은 기존 강의식 교육에 비해 이 방법이 훨씬 효과적이라는 실증적 증거에 기반을 두고 있다. 액티브 러닝은 학습과 기억에 관한 과학 문헌에서 도출된 다섯 가지 핵심 원칙, 즉 심층 처리, 묶음, 연상, 이중 코딩, 그리고 의도적 연습에 따라 설계되었다. 각 원칙은 학생들이 자료를 완전히 이해하고, 학습 성과를 끌어올리며, 실제 상황에서 지식을 적용하는 데 활용된다. 태재의 액티브 러닝TALS은 플립형 교실의 혁신적인 진화로,

학생들이 적절히 준비하고 적극적으로 참여하며 정기적으로 평가를 받아 학습 과정을 최적화할 수 있도록 한다. 액티브 러닝을 위한 대개의 노력은 학생들에게 유익한 정보를 효과적으로 제공하면서 이를 통해 교육혁신을 이루기 위함이다. 태재는 미래사회에서 스스로의 능력을 한껏 발휘할 수 있는 빼어난 지식과 지혜를 지닌 인재 배출이라는 건학이념을 충실히 실천하기 위해 노력하고 있다.

참고문헌

Ambrose, S. A., Bridges, M. W., DiPietro, M., Lovett, M. C., Norman, M. K., & Mayer, R. E. (2010). *How learning works: Seven research-based principles for smart teaching.* San Francisco: Jossey-Bass.

Bonwell, C. C., & Eison, J. A. (1991). *Active learning: Creating excitement in the classroom.* ASHE-ERIC Higher Education Report No. 1, Washington, D.C.: The George Washington University, School of Education and Human Development.

Brown, P. C., Roediger, H. L. III, & McDaniel, M. A. (2014). *Make it stick: The science of successful learning.* New York: Belknap Press.

Cowan, N. (2001). The magical number 4 in short-term memory: A reconsideration of mental storage capacity. *Behavioral and Brain Sciences, 24*, 87~114.

Craig, S. D., Sullins, J., Witherspoon, A., & Gholson, B. (2006). The deep-level reasoning effect: The role of dialogue and deep-level-reasoning questions during vicarious learning. *Cognition and Instruction, 24*, 565~591.

Craik, F. I. M., & Lockhart, R. S. (1972). Levels of processing: A framework for memory research. *Journal of Verbal Learning and Verbal Behavior, 11*, 671~684.

Custers, E. J. (2010). Long term retention of basic science knowledge: A review study. *Advances in Health Science Education, 15*, 109~128.

Ericsson, K. A., Chase, W. G., & Faloon, S. (1980). Acquisition of a memory skill. *Science, 208*, 1181~1182.

Ericsson, K. A., Krampe, R. T., & Tesch-Romer, C. (1993). The role of deliberate practice in the acquisition of expert performance. *Psychological Review, 100*, 363~406.

Foer, J. (2011). *Moonwalking with Einstein: The art and science of remembering everything.* New York: Penguin Press.

Freeman, S., Eddy, S. L., McDonough, M., Smith, M. K., Okoroafor, N., Jordt, H., & Wenderoth, M. P. (2014). Active learning increases student performance in science, engineering, and mathematics. *Proceedings of the National*

Academy of Sciences, 111, 8410~8415.

Gazzaniga, M., Ivry, R. B., & Mangun, G. R. (2018). *Cognitive neuroscience: The biology of the mind* (5th ed). New York: W. W. Norton.

Hattie, J., & Timperley, H. (2007). The power of feedback. *Review of Educational Research, 77*, 81~112.

Horn, M. B., Salisbury, A. D., Ashburn, E., Schiener, J., & Pizer, L. (2019). Parent learners. Entangled Solutions: https://info.entangled.solutions/hubfs/Parent%20Learners%20-%20Insights%20for%20Innovation.pdf?hsCtaTracking=fe032a1c-af15-4130-85ad-e5529a939296%7Cfc508bd1-b0ca-4987-b009-16620e13f263.

Kapur, M., Hattie, J., Grossman, I, & Sinha, T. (2022). Fail, flip, fix, and feed-rethinking flipped learning: A review of meta-analyses and a subsequent meta-analysis. *Frontiers in Education, 7*, 956416, DOI: 10.3389/feduc.2022.956416

Kirschner, P. A., Sweller, J., & Clark, R. E. (2006). Why minimal guidance during instruction does not work: An analysis of the failure of constructivist, discovery, problem-based, experiential, and inquiry-based teaching. *Educational Psychologist, 41: 2*, 75~86, DOI: 10.1207/s15326985ep4102_1

Kluger, A. N., & DeNisi, A. (1998). Feedback interventions: Toward the understanding of a double-edged sword. *Current Directions in Psychological Science, 7*, 67~72.

Kooloos, J. G. M., Bergman, E. M., Scheffers, M. A. G. P., Schepens-Franke, A. N., & Vostenbosch, A. T. M. (2019). The effect of passive and active education methods applied in repetition activities on the retention of anatomical knowledge. *Anatomical Sciences Education, 13*, 458~466; Spaced repetition. Wikipedia: https://en.wikipedia.org/wiki/Spaced_repetition

Kosslyn, S. M. (1994). *Image and brain.* Cambridge, MA: MIT Press.

Kosslyn, S. M. (2017). The science of learning. In S. M. Kosslyn & B. Nelson (Eds.). *Building the intentional university.* Cambridge, MA: MIT Press.

Lombardi, D., Shipley, T. F., Bailey, J. M., Bretones, P. S., Prather, E. E., Ballen, C. J., Knight, J. K., Smith, M. K., Stowe, R. L., Cooper, M. M., Prince, M., Atit, K., Uttal, D. H., LaDue, N. D., McNeal, P. M., Ryker, K., St. John, K., van der Hoeven Kraft, K. J., & Docktor, J. L. (2021). The curious construct of active learning. *Psychological Science in the Public Interest, 22*, 8~43. https://doi.org/10.1177/1529100620973974

Mayer, R. E. (2009). *Multimedia learning* (2nd ed). Cambridge, UK: Cambridge University Press.

Mayer, R. E. (2004). Should there be a three-strikes

rule against pure discovery learning? The case for guided methods of instruction. *American Psychologist, 59*, 14~19.

Mayer, R. E., & Moreno, R. (2003). Nine ways to reduce cognitive load in multimedia learning. *Educational Psychologist, 38*, 43~52.

Mello, D., & Less, C. A. (2013). Effectiveness of active learning in the arts and sciences. Johnson & Wales University: Humanities Department Faculty Publications & Research. Paper 45. http://scholarsarchive.jwu.edu/humanities_fac/45

Michael, J. (2006). Where's the evidence that active learning works?. *American Journal of Physiology - Advances in Physiology Education, 30*, 159~167. DOI: 10.1152/advan.00053.2006

Morris, D. C., Bransford, J. D., & Franks, J. J. (1977). Levels of processing versus transfer appropriate processing. *Journal of Verbal Learning and Verbal Behavior, 16*, 519~533.

Paivio, A. (1971). *Imagery and verbal processes.* New York: Holt, Rinehart, and Winston.

Smith, E. E., & Kosslyn, S. M. (2006). *Cognitive psychology: Mind and brain.* New York, NY: Prentice Hall.

Teagle Foundation (2016). Promoting active learning in the humanities. http://www.teaglefoundation.org/Impacts-Outcomes/Project-Profile/Profiles/Creating-Sustained-

Change-in-Practices-of-Engaged

Wieman, C. E. (2017). *Improving how universities teach science: Lessons from the science education initiative.* Cambridge, MA: Harvard University Press

Wieman, C. E. (2014). Large-scale comparison of science teaching methods sends clear message. *Proceedings of the National Academy of Sciences, 111*, 8319~8320.